Hack

Fleisch, Fisch, Geflügel
Die besten Rezepte

Lotti Bebie

Hack

Fleisch, Fisch, Geflügel
Die besten Rezepte

AT Verlag

AT Verlag, Baden und München
Fotos: Lotti Bebie, Zürich
Lithos: AZ Print, Aarau
Druck und Bindearbeiten: Stürtz GmbH, Würzburg
Printed in Germany

ISBN 3-03800-235-6

www.at-verlag.ch

Inhalt

Vorwort

Ein teures, großes Steak lässt mich kalt. Wenn ich etwa zweimal im Jahr mit meinem Mann und Pajass, unserem kleinen, frechen Westie, ein ausgezeichnetes Steak-Restaurant besuche, freut sich mein Mann immer schon Tage im Voraus. Da gibt es Steaks in allen Größen und von Rindern verschiedenster Herkunft. Mein Mann bestellt dann immer ein extra großes Steak. Ich begnüge mich mit einem Tournedos, von dem der Hund dann noch einiges abbekommt. Und während des Essens kreisen meine Gedanken bereits wieder um gut gewürzte Burger, saftige Fischküchlein oder einen feurigen thailändischen Salat mit Hackfleisch.

Ein gut gewähltes Steak bester Qualität in die Pfanne zu hauen ist relativ einfach. Anspruchsvoller ist es, aus Gehacktem – sei es von Fleisch, Fisch oder Geflügel – unter Beigabe von Kräutern, Gewürzen oder anderen raffinierten Beigaben ein schmackhaftes Gericht zu kreieren. Da ist Burger eben nicht gleich Burger. Je nach den weiteren Zutaten und der Würzung schmeckt es immer wieder anders. Und ungleich größer als beim simplen Steak ist die Freude und der Genuss, wenn aus der einfachen, preiswerten und alltäglichen Zutat sich eine breite Palette an gaumenwässernden Köstlichkeiten zaubern lässt.

Viel Spaß beim Ausprobieren!

Lotti Bebie

Warenkunde und Küchenpraxis

Einkauf

Hackfleisch wird aus verschiedenen Fleischstücken (Schulter, Keule, Nierstück usw.) von Rind, Kalb, Schwein oder Lamm hergestellt und auch in verschiedenen Mischungen angeboten.

Früher wurde das Fleisch am Stück beim Metzger besorgt und zu Hause, im eigenen Fleischwolf, durchgedreht. Dies geschah immer unmittelbar vor der Zubereitung. Das Hackfleisch war so immer optimal frisch und ist nie lange herumgelegen.

Heute übernimmt in der Regel der Metzger diese Arbeit. Zum Teil wird das Fleisch auch hier für den Kunden nach dessen Wunsch direkt durch den Fleischwolf gedreht. Daneben gibt es aber auch die Möglichkeit, Hackfleisch offen oder fertig abgepackt und vakuumiert in Portionen zu kaufen.

Da durch das Durchdrehen die Oberfläche vergrößert wird, ist Gehacktes sehr empfindlich auf Bakterien und damit leicht verderblich. Deshalb gilt als oberste Regel: Kühl lagern und möglichst schnell – innerhalb von 1–2 Tagen – verarbeiten. Vakuumverpacktes Fleisch hält sich etwas länger frisch, im Tiefkühler lässt es sich 2–3 Monate lagern.

Es versteht sich von selbst, dass bei Geflügel und Fisch ganz besonders auf Frische zu achten ist. Geflügel und Fisch kann man ebenfalls direkt beim Metzger oder Fischhändler hacken lassen.

Für Luxus-Burger und Tatar kauft man am besten frisches Rindfleisch, z.B. Huft oder Beefsteak, und lässt es nur einmal durch den Wolf drehen. So behält es mehr Biss. Tatar zum Rohgenuss sollte in jedem Fall ganz frisch durchgedreht sein und keinerlei graue Stellen aufweisen.

Weiße Stellen im Hackfleisch zeigen den Fettgehalt: Je mehr weiße Stellen das Gehackte aufweist, desto höher ist sein Fettgehalt.

Küchenpraxis

Neben der wichtigsten Regel der absoluten Frische und der möglichst schnellen Verarbeitung sind bei der Zubereitung nur wenige weitere Punkte zu beachten.

• Selbst hacken oder durchdrehen: Der Fleischwolf ist heute aus dem privaten Haushalt praktisch ganz verschwunden. Fleisch, Geflügel oder Fisch lässt sich zuhause selbst mit einem grossen, scharfen Messer von Hand oder im Cutter hacken. Von Hand Gehacktes hat mehr Struktur, Gehacktes aus dem Cutter wird feiner, kann aber auch trocken werden.

• Durch das Hacken bzw. Durchdrehen wird die Oberfläche deutlich vergrößert, das Gehackte nimmt dadurch Würzzutaten und Kräuteraromen besonders gut auf.

• Verschiedene Zutaten wie eingeweichte Semmeln, Reis, Haferflocken, Brät usw. geben Volumen und verhindern, dass Hackbraten, -steaks und -bällchen beim Braten fest und trocken werden.

• Zum Binden des Fleischteigs kann Ei beigegeben werden. Hacksteaks mit Ei sind problemloser zu braten, aber auch kompakter im Biss.

Zwingend ist die Eibeigabe für Fisch und Geflügel, da diese Teige viel feuchter sind.

• Beim Anbraten einer größeren Menge Hackfleisch ist es wichtig, das Fleisch in mehreren kleineren Portionen anzubraten, damit es rundherum gut der Hitze ausgesetzt ist und nicht zu viel Wasser zieht. Hackfleisch muss immer gut durchgaren, bis es seine rosa Farbe verloren hat.

• Für Häppchen und andere kleine Leckereien empfiehlt sich das Ausbacken in der Friteuse. Bällchen und Kugeln werden so rundherum perfekt gebraten. Notfalls kann man sie in den entsprechenden Rezepten auch in der Pfanne in genügend Öl halb schwimmend braten.

• Fertig zubereitete Gerichte aus Hack können bis zu 3 Monate im Tiefkühler aufbewahrt werden.

Schinken-Käse-Kugeln

50 g Butter
75 g Mehl
200 ml Milch
50 ml Rahm
Salz, Pfeffer aus der Mühle
Muskatnuss, frisch gerieben
250 g gekochter Schinken, fein gehackt
½ Bund Petersilie, fein gehackt
150 g junger Gouda, gerieben

1 Ei
3 EL Mehl
100 g Paniermehl
Öl zum Frittieren oder Braten

- Die Butter in einer Saucenpfanne aufschäumen lassen. Das Mehl 30 Sekunden in der Butter anschwitzen. Milch und Rahm nach und nach dazugießen und glatt rühren. Mit Salz, Pfeffer und Muskatnuss würzen und auskühlen lassen.
- Schinken, Petersilie und Käse darunter mischen.
- Die Masse 2 Stunden kalt stellen. Dann zu 24 Kugeln formen.
- Das Ei mit 2 EL Wasser verquirlen. Die Schinken-Käse-Kugeln mit Mehl bestäuben, durch das Ei ziehen und im Paniermehl wenden. Im heißen Öl etwa 5 Minuten ausbacken. Auf Küchenpapier abtropfen lassen.

Tipp:
Die Schinken-Käse-Kugeln eignen sich als Apérohäppchen oder zusammen mit einem Salat als kleine Vorspeise für 6 Personen.

Spanische Pastetchen

Ergibt etwa 20 Stück

Teig:
80 ml Olivenöl
Schale von ½ Zitrone am Stück
80 ml Weißwein
Salz
200 g Mehl

Füllung:
1 EL Olivenöl
1 Schalotte, fein gehackt
50 g Serrano-Schinken, gehackt
2 EL Tomatenpüree
100 g Chorizo-Wurst, gehackt
1 Ei, hart gekocht, gehackt

1 Eiweiß
Öl zum Frittieren oder Braten

- Für den Teig das Olivenöl erwärmen und die Zitronenschale kurz darin rösten. Das Öl etwas auskühlen lassen und die Zitronenschale entfernen. Den Wein dazugeben, salzen und mit dem Schwingbesen aufschlagen. Nach und nach das Mehl einrühren. Am Schluss den Teig von Hand gut durchkneten und 2 Stunden kühl stellen.
- Für die Füllung die Schalotte im Öl andünsten. Den Schinken kurz mitbraten, anschließend das Tomatenpüree darunter mischen. Auskühlen lassen. Die gehackte Chorizo und das Ei beigeben.

Schinken-Käse-Kugeln

Den Teig sehr dünn ausrollen und Kreise von 7 cm Durchmesser ausstechen. Auf die Hälfte der Teigrondellen jeweils 1 Esslöffel Füllung häufen. Die andere Hälfte der Teigrondellen mit Eiweiß bestreichen, über die mit Füllung belegten Rondellen legen und gut andrücken. Mit einer Gabel die Ränder nochmals gut zusammendrücken.

Das Öl erhitzen und die Pastetchen in kleinen Portionen auf beiden Seiten goldgelb ausbacken. Auf Küchenpapier abtropfen lassen.

Tipp:

In Spanien trinkt man ein Glas Sherry dazu.

Currywurst mit Apfelschnitzen

500 g Kalbfleisch, gehackt
200 ml Schlagrahm
2 EL Madras-Currypulver
½ TL Salz
1 TL frisch gemahlener Pfeffer
ca. 2 m Bratwurstdarm (beim Metzger vorbestellen), gewässert
nach Belieben etwas Bratbutter

4 säuerliche Äpfel
2 EL Butter
2 EL Honig
1 TL Zimtpulver
½ TL frisch gemahlener Pfeffer

Das Fleisch zusammen mit dem Rahm und den Gewürzen in 3–4 Portionen im Cutter zu einer glatten Masse verarbeiten.

Die Masse in einen Spritzsack mit großer Tülle füllen. Den gewässerten Darm über die Tülle ziehen und die Masse in den Darm füllen. Fortlaufend Würstchen von etwa 10 cm Länge mit Küchenschnur abbinden.

Die Würstchen in heißem Wasser (knapp vor dem Siedepunkt) 5 Minuten ziehen lassen. Herausnehmen und anschließend nach Belieben noch in Bratbutter rundherum anbraten.

Die Äpfel vierteln, entkernen und in Schnitze schneiden. In der heißen Butter andünsten, den Honig beigeben und zugedeckt ein paar Minuten schmoren lassen. Die Gewürze beifügen und die Apfelschnitze zu den Würsten servieren.

Gefüllte Artischocken

4 große Artischocken
1 Zitrone, Saft

Tomatensauce:
1 Zwiebel, fein gehackt
2 EL Olivenöl
400 g Dosentomaten (Pelati)
Salz, Pfeffer aus der Mühle

Füllung:
300 g Rindfleisch, gehackt
2 EL Olivenöl
2 Knoblauchzehen, zerdrückt
3 EL Petersilie, gehackt
Salz, Pfeffer aus der Mühle
½ TL scharfer Paprika
1 Ei, verklopft

100 g Fetakäse, zerbröckelt

■ Den Stiel und die harten Blätter der Artischocken entfernen. Die Frucht aushöhlen und das Heu entfernen. In reichlich Salzwasser mit Zitronensaft 20 Minuten kochen. Herausnehmen und auf den Kopf gestellt abtropfen lassen.
■ Die Zwiebel im heißen Öl andünsten. Die Tomaten dazugeben, ein paar Minuten köcheln lassen und würzen.
■ Den Boden von 4 Portionenförmchen mit der Hälfte der Tomatensauce bedecken und je 1 Artischocke darauf setzen.
■ Das gehackte Rindfleisch im heißen Öl anbraten. Den Knoblauch und die Petersilie beigeben und die restliche Tomatensauce darunter rühren. Vom Herd nehmen, die Petersilie darunter mischen, würzen und zum Schluss das Ei darunter ziehen.
■ Die Artischocken mit der Masse füllen und den Feta darauf verteilen. Im 180 Grad heißen Ofen 15 Minuten gratinieren.

Tipp:
Dazu schmeckt ein frisches, knuspriges Baguette.

Piperada

Baskische Omelette

Je 1 rote und grüne Peperoni (Paprikaschote), geviertelt und entkernt
2 EL Olivenöl
1 Zwiebel, fein gehackt
4 Knoblauchzehen, fein gehackt
100 g Bauernschinken, gehackt
1 Fleischtomate, gehäutet und gewürfelt
Salz, Pfeffer aus der Mühle

6 Eier
Salz, Pfeffer aus der Mühle
2 EL Olivenöl

■ Die Peperoniviertel mit der Hautseite nach oben auf ein Backblech legen und unter dem Backofengrill rösten, bis die Haut schwarz wird und Blasen wirft. Aus dem Ofen nehmen und unter einem feuchten Tuch oder nassem Haushaltspapier einige Minuten auskühlen lassen. Die Haut abziehen und die Peperoni in Streifen schneiden.
■ Im heißen Öl die gehackte Zwiebel andünsten. Den Knoblauch, den Schinken und die

Tomatenwürfel dazugeben und 10 Minuten schmoren. Dann die Peperonistreifen beifügen und würzen. In eine Schüssel füllen.

Die Eier verquirlen, würzen und im heißen Öl bei schwacher Hitze etwa 3 Minuten stocken lassen, dabei ab und zu rühren.

Die Schinken-Gemüse-Mischung auf die Eimasse verteilen und zugedeckt weitere 10 Minuten garen. Die Omelette darf auf keinen Fall trocken werden.

Tipp:
Mit weißem Bauernbrot servieren.

Polpette mit Mozzarella

Überbackene Fleischklößchen

1 Scheibe Toastbrot, ohne Rinde
2 EL warme Milch
300 g gehacktes Rindfleisch
1 Ei, verklopft
1 Knoblauchzehe, zerdrückt
Paprika, Salz, Pfeffer aus der Mühle
30 g Paniermehl
Olivenöl

1 Tomate, in 4 Scheiben geschnitten
2 EL Oreganoblättchen
1 Mozzarella di Bufala, in 4 Scheiben geschnitten
1 kleine Dose Sardellenfilets, Öl abgegossen
Pfeffer aus der Mühle
1 Hand voll schwarze Oliven
Olivenöl

Das Brot in der warmen Milch einweichen. Das Fleisch mit dem eingeweichten Brot, dem Ei, dem Knoblauch und den Gewürzen gut mischen.

Aus der Fleischmasse 4 flache Küchlein formen und im Paniermehl wenden.

Genügend Öl erhitzen und die Küchlein auf jeder Seite etwa 2 Minuten kräftig anbraten.

Die Küchlein in eine Gratinform geben, mit je 1 Tomatenscheibe belegen und mit Oreganoblättchen bestreuen. Die Mozzarellascheiben darauf legen, mit je 1 Sardellenfilet belegen und mit viel Pfeffer aus der Mühle bestreuen. Die Oliven dazwischenstreuen und alles mit Olivenöl beträufeln.

Im 200 Grad heißen Ofen 15 Minuten backen. Sofort servieren.

Tipp:
Als Beilage passt Baguette oder Pasta.

Polpette mit Mozzarella

Tatar mit Reibekuchen

400 g Rinderhuft
2 Cornichons, fein gehackt
2 EL Kapern, fein gehackt
2 Sardellenfilets, fein gehackt
2 EL Petersilie, fein gehackt
1 kleine weiße Zwiebel, fein gehackt
1 Spritzer Worcestershiresauce
1 EL scharfer Senf
1 Messerspitze edelsüßer Paprika
2 Eigelb
Salz, Pfeffer aus der Mühle

Reibekuchen:
600 g fest kochende Kartoffeln, geschält
1 Zwiebel, geschält
2 Eier, verklopft
Salz, Pfeffer aus der Mühle
Muskatnuss
2 EL Pflanzenöl
2 EL Butter

Kräuter zum Garnieren

▪ Das Rindfleisch mit einem großen, scharfen Messer sehr fein hacken.
▪ Alle Zutaten mischen und kräftig abschmecken.
▪ Aus der Masse 4 Portionen in beliebiger Form formen.
▪ Für die Reibekuchen Kartoffeln und Zwiebel fein reiben. Die Flüssigkeit auspressen. Die Eier darunter mischen und die Masse würzen.
▪ Öl und Butter erhitzen und aus je 2 Esslöffeln Masse 8 dünne Reibekuchen ausbacken.
▪ Die Reibekuchen zusammen mit dem Tatar auf Tellern anrichten und großzügig mit Kräutern garnieren. Mit etwas Olivenöl beträufeln.

Räucherfisch-Kartoffelpüree

700 g mehlig kochende Kartoffeln
300 g geräucherte Pfeffermakrele, gehäutet und gehackt
1 kleine rote Zwiebel, fein gehackt
1 EL Kapern, gehackt
3 TL Zitronensaft
2 EL Crème fraîche
½ Bund Dill, gehackt
Salz, Pfeffer aus der Mühle

1 saurer Apfel, grob geraspelt

▪ Die Kartoffeln weich kochen, schälen und zerdrücken. Auskühlen lassen.
▪ Das Kartoffelpüree mit dem gehackten Fisch, der Zwiebel und den Kapern mischen.
▪ Mit allen weiteren Zutaten abschmecken und zum Schluss den geraspelten Apfel darunter mischen.

Tipp:
Es sieht hübsch aus, wenn man aus der Masse mit dem Eisportionierer Kugeln absticht. Dazu passt ein Salat.

Spanische Bonitoklöße

600 g frischer Thunfisch
2 Knoblauchzehen, gepresst
1 Bund glatte Petersilie, fein gehackt
Salz, Pfeffer aus der Mühle

1 rote Peperoni (Paprikaschote)
60 g Weißbrot
50 ml Milch
1 kleine Zwiebel, fein gehackt
100 g Serrano-Schinken, gehackt
1 Ei, verklopft
20 schwarze Oliven, ohne Stein, gehackt

2 EL Olivenöl

- Den Thunfisch mit einem scharfen Messer sehr fein hacken. Mit Knoblauch, Petersilie, Salz und Pfeffer mischen. Kühl stellen.
- Die Peperoni vierteln und mit der Hautseite nach oben unter dem heißen Backofengrill 15 Minuten rösten, bis die Haut schwarz wird und Blasen wirft. Unter einem feuchten Tuch oder nassem Haushaltspapier auskühlen lassen, anschließend häuten und fein hacken.
- Das Brot in der warmen Milch einweichen.
- Sämtliche Zutaten mit dem Thunfisch gut mischen und aus der Masse mit nassen Händen Klöße formen.
- Im heißen Öl von beiden Seiten nur ganz kurz braten. Frischer Thunfisch schmeckt auch roh vorzüglich.

Tipps:
Mit einer lauwarmen Vinaigrette servieren. Dazu passt Kartoffelsalat oder gemischter Salat.

Ravioli mit Käsesauce

1 Paket Pastateig
1 Eiweiß

Füllung:
300 g Kalbfleisch, gehackt
1 große Karotte, fein gewürfelt
2 Frühlingszwiebeln, fein gehackt
1 Stück Stangensellerie, fein gehackt
100 g Eierschwämme (Pfifferlinge), gehackt
1 EL Thymianblätter
Salz, Pfeffer aus der Mühle
1 TL edelsüßer Paprika
1 Ei

Sauce:
250 ml Rahm
4 cl Sherry
100 g Fontina, gerieben
Thymian, Basilikum, Salbei, geschnitten
1 Peperoncino, entkernt und fein gehackt
Salz, weißer Pfeffer aus der Mühle

- Für die Füllung alle Zutaten mischen.
- Aus dem Pastateig Rondellen von etwa 7 cm Durchmesser schneiden. Je 1 Teelöffel Füllung darauf geben. Die Ränder mit Eiweiß bestreichen und die Ravioli zusammenklappen, dabei die Ränder gut andrücken.
- Für die Sauce den Rahm auf ein Drittel einkochen. Die Hitze reduzieren, den Sherry dazugeben und den Käse darin schmelzen lassen. Würzen. Vor dem Servieren die Kräuter und den Peperoncino darunter mischen.
- Die Ravioli in kochendem Salzwasser 8 Minuten kochen, bis sie an die Oberfläche steigen.
- Mit der Sauce und nach Belieben mit frisch geriebenem Parmesan servieren.

Quiche mit Salami

Für eine Quicheform von 26 cm Durchmesser

1 Kuchenteig

350 g Hackfleisch, dreierlei
2 EL Bratbutter
1 große Zwiebel, fein gehackt
1 Knoblauchzehe, fein gehackt
Salz, Pfeffer aus der Mühle
150 g Emmentaler, gerieben
3 Eier, verklopft
200 ml Rahm
je 1 Zweig Rosmarin, Thymian und Oregano, gehackt
70 g Salami, in Streifen geschnitten

Die Form mit dem Teig auslegen, überstehenden Teigrand abschneiden. Den Teigboden einstechen und mit einem Backpapier belegen. Hülsenfrüchte zum Blindbacken darauf geben und den Teigboden bei 200 Grad im Ofen 15 Minuten blindbacken. Etwas auskühlen lassen.

Das Hackfleisch portionenweise in der heißen Bratbutter anbraten. Die Zwiebel und den Knoblauch hinzufügen. Salzen und pfeffern. In eine Schüssel umfüllen und leicht auskühlen lassen.

Den Käse darunter mischen. Die Eier und den Rahm dazugießen. Die Kräuter und die Salamistreifen darunter mischen.

Die Hülsenfrüchte und das Backpapier von dem Quicheboden entfernen. Die Füllung auf dem Boden verteilen und die Quiche im 200 Grad heißen Ofen rund 30 Minuten backen.

Tipp:
Zusammen mit einem Salat ergibt es eine volle Mahlzeit.

Leberknödel

1 Zwiebel, fein gehackt
1 Bund Petersilie, fein gehackt
1 EL Butter
500 g Kalbsleber, fein gehackt
100 g roher Speck, fein gehackt
1 Ei
150 g Brotbrösel
Salz, Pfeffer aus der Mühle

50 g Parmesan, gerieben
50 g Butter

Die Zwiebel und die Petersilie in der heißen Butter dämpfen. Zur Leber und zum Speck geben. Das Ei und die Brösel darunter mischen und würzen.

Aus dem Teig Knödel formen und im Salzwasser ziehen lassen, bis sie an die Oberfläche steigen.

Die Knödel auf einer vorgewärmten Platte anrichten und mit Parmesan bestreuen. Die Butter aufschäumen lassen und über die Knödel träufeln.

Tipp:
Dazu passen frisches Apfelmus und Petersilienkartoffeln.

Quiche mit Salami

Nudeln mit Ragù

400 g Rinderhackfleisch
4 EL Olivenöl
1 große Zwiebel, fein gehackt
1 große Karotte, fein gewürfelt
1 Stange Bleichsellerie, fein gewürfelt
50 g roher Schinken, fein gehackt
50 g kleine Speckwürfel
½ Bund Petersilie, grob gehackt
1 kleiner Peperoncino, fein gehackt
⅛ l Fleischbouillon
⅛ l Rotwein
200 g Dosentomaten (Pelati)
2 Lorbeerblätter
Salz, Pfeffer aus der Mühle

500 g breite Nudeln
Parmesan, frisch gerieben

- Das Rindfleisch in 2 Portionen in der Hälfte des heißen Öls anbraten. Beiseite stellen.
- In derselben Pfanne mit 2 weiteren Esslöffeln Öl Zwiebel, Gemüse, Schinken und Speck, Petersilie und Peperoncino andünsten. Das Fleisch dazugeben und weiterdünsten, bis die Flüssigkeit verdampft ist.
- Bouillon und Rotwein dazugeben und einkochen lassen.
- Die Tomaten und die Lorbeerblätter beifügen, salzen und pfeffern und zugedeckt weitere 30 Minuten eindicken lassen.
- Breite Nudeln in reichlich Salzwasser al dente kochen, abgießen. Zusammen mit dem Ragù und Parmesan servieren.

Hörnli mit Hackfleisch

Ein Klassiker, nicht nur für Kinder

500 g Hackfleisch, halb Kalb, halb Rind
2 EL Olivenöl
1 EL Butter
2 Schalotten, fein gehackt
1 Knoblauchzehe, fein gehackt
1 EL Tomatenpüree
1 EL Mehl
200 ml Rotwein
Pfeffer aus der Mühle
300 ml Kalbsfond
je 1 Zweig Rosmarin und Thymian

500 g Hörnli (oder andere Teigwaren)
2 EL Rahm

- Das Fleisch portionenweise in der heißen Olivenöl-Butter-Mischung kräftig anbraten. Schalotten und Knoblauch dazugeben und weiterbraten. Das Tomatenpüree unterrühren, das Mehl darüber stäuben und unterziehen. Mit dem Rotwein ablöschen und pfeffern. Etwas einkochen lassen. Den Kalbsfond dazugießen und die Kräuterzweige darauf legen. Zugedeckt 10 Minuten köcheln lassen.
- Die Hörnli in Salzwasser al dente kochen. Abgießen, dabei vom Kochwasser etwas zurückbehalten und zusammen mit dem Rahm unter die warmen Teigwaren mischen.

Tipp:
Klassisch dazu: ein frisch gekochtes Apfelmus.

Nudeln mit Ragù

Mediterran gefüllter Hackbraten

400 g Rindfleisch, gehackt
400 g Schweinefleisch, gehackt
1 Zwiebel, fein gehackt
1 Knoblauchzehe, fein gehackt
1 Ei
Salz, Pfeffer aus der Mühle
2 EL Petersilie, gehackt
2 Sardellenfilets, gehackt

Füllung:
1 große rote Peperoni (Paprikaschote), klein gewürfelt
1 EL Olivenöl
100 g Fetakäse, in kleine Stücke gebrochen
150 g Kalbsbrät
Salz, Pfeffer aus der Mühle

1 Schweinsnetz, ca. 50 × 50 cm (evtl. beim Metzger vorbestellen)
4 EL Olivenöl
200 ml Fleischfond

Sämtliche Zutaten für den Fleischteig mischen und kühl stellen.

Die Peperoniwürfel im heißen Öl andünsten und auskühlen lassen.

Die Peperoni mit dem Käse, dem Brät und den Gewürzen mischen.

Das Schweinsnetz unter fließendem Wasser gut auswaschen und auf der Arbeitsfläche ausbreiten. Den Fleischteig in der Mitte des Netzes zu einem Rechteck von etwa 18 × 30 cm formen und etwas andrücken. Die Brätmasse als lange Rolle auf die Mitte des Teigrechtecks legen. Mit Hilfe des Netzes den Fleischteig über die Rolle klappen und die Enden gut verschließen. Das Netz über den Braten ziehen und, falls nötig, entsprechend zuschneiden.

Den Braten auf ein Blech legen und mit Olivenöl bestreichen. Bei 200 Grad im Backofen 40–50 Minuten braten und dabei nach und nach mit dem Fleischfond begießen.

Den Hackbraten herausheben, den Bratenfond durch ein Sieb passieren und etwas einkochen lassen. Nochmals abschmecken.

Mediterran gefüllter Hackbraten

Italienischer Fleischkuchen

Für eine Tarteform von 26 cm Durchmesser

2 Zwiebeln, fein gehackt
1 TL Kapern, fein gehackt
500 g Hackfleisch nach Belieben
1 TL Tomatenpüree
½ TL Oregano, getrocknet
Salz, Pfeffer aus der Mühle
½ TL scharfer Paprika
1 Ei
2 EL Brotbrösel
2 EL Olivenöl für die Form

4 Tomaten, halbiert und ausgehöhlt
1 Bund Basilikum
250 g kleine Mozzarellakugeln
150 g Parmesan, frisch gerieben

■ Die Zutaten für den Fleischteig gut mischen. Die Tarteform ölen, den Teig einfüllen und glatt streichen.

■ In jede Tomatenhälfte 1–2 Basilikumblätter und 1 Mozzarellakugel füllen. Mit der Schnittfläche nach unten kreisförmig auf dem Fleischteig anordnen, dabei die Tomaten leicht in die Masse drücken.

■ Den Fleischkuchen mit Käse bestreuen und im 220 Grad heißen Ofen 30 Minuten backen.

Tipps:
Dazu passt ein Salat und Weißbrot.
Der Kuchen kann auch kalt gegessen werden.

Cannelloni-Schnecken

Statt flach gelegt mal aufgestellt

Füllung:
1 große Zwiebel, fein gehackt
2 Knoblauchzehen, fein gehackt
2 EL Olivenöl
350 g Schweinefleisch, gehackt
150 g Schweineleber, gehackt
400 g Spinat, verlesen, gewaschen
300 g Champignons, halbiert oder geviertelt
Salz, Pfeffer aus der Mühle

1 Frühlingszwiebel, gehackt
1 Karotte, fein gewürfelt
2 EL Butter

1 Paket Pastateig
1 Eiweiß
50 g Butter, zerlassen
2 EL Brotbrösel
2 EL Parmesan, gerieben

■ Zwiebel und Knoblauch in einer großen Pfanne im heißen Öl andünsten. Das Hackfleisch dazugeben und braten, bis es seine Farbe verloren hat. Die Leber, den Spinat und die Pilze kurz mitbraten und würzen.

■ Die Frühlingszwiebel und die Karotte in der heißen Butter andünsten und auf dem Boden einer Auflaufform verteilen.

■ Den Pastateig ausrollen und in 4 Rechtecke von 15 × 20 cm schneiden. Die Füllung auf die Teigplatten streichen, dabei an der oberen Kante einen Rand freilassen und mit Eiweiß bestreichen. Die Teigplatten aufrollen und gut verschließen. Kühl stellen, damit sie sich besser schneiden lassen.

Die ausgekühlten Cannellonirollen in 3 cm breite Stücke schneiden (am besten mit dem Elektromesser) und in die vorbereitete Auflaufform stellen.

Mit der Hälfte der zerlassenen Butter beträufeln und bei 200 Grad im Ofen 15 Minuten backen. Die Brotbrösel mit dem Parmesan mischen und über die Rollen streuen. Die restliche Butter darüber träufeln und alles weitere 10 Minuten backen.

Makrelenküchlein mit Meerrettichmayonnaise

400 g mehlig kochende Kartoffeln
400 g geräucherte Makrelen, gehackt
2 Eigelb
1 TL Sardellenpaste
1 EL Dill, gehackt

2 Eiweiß
50 g Weißmehl
70 g Brotbrösel
3 EL Pflanzenöl

Meerrettichmayonnaise:
120 g Mayonnaise
1 EL frischer Meerrettich, gerieben (ersatzweise Meerrettich aus der Tube)
1 EL körniger Senf
1–2 TL Zitronensaft
1 EL Dill, gehackt
Salz, Pfeffer aus der Mühle

Die Kartoffeln weich kochen, schälen und zerdrücken. Auskühlen lassen.

Den gehackten Fisch, die Eigelbe, die Sardellenpaste und den Dill unter die Kartoffelmasse mischen. Kühl stellen, bis die Masse fest ist.

Aus der Masse mit bemehlten Händen Küchlein formen.

In einer flachen Schüssel die Eiweiße kurz aufschlagen. Das Mehl und die Brotbrösel separat jeweils auf einen flachen Teller geben.

Die Fischküchlein zuerst im Mehl, dann im Eiweiß und zum Schluss in den Bröseln wenden. Im heißen Öl goldbraun braten.

Alle Zutaten zur Mayonnaise verrühren und abschmecken.

Tipp:
Dazu schmecken Spargeln sehr gut.

Kohlrouladen mit gebratenen Pilzen

Fleischfüllung:
300 g Rindfleisch, gehackt
100 g Schweinefleisch, gehackt
1 kleine Zwiebel, fein gehackt
1 Knoblauchzehe, fein gehackt
1 EL Petersilie, gehackt
1 Ei
Salz, Pfeffer aus der Mühle

12–16 Weißkohl- oder Wirzblätter (Wirsing)
2 EL Bratbutter
200 ml Fleischfond

Pilze:
30 g geräucherter Speck, klein gewürfelt
20 g Butter
200 g gemischte Pilze (je nach Saison)
1 rote Zwiebel, in feine Scheiben geschnitten
2 EL Petersilie, gehackt
Salz, Pfeffer aus der Mühle

- Für die Fleischfüllung alle Zutaten mischen.
- Die Kohl- oder Wirzblätter in kochendem Salzwasser kurz blanchieren, kalt abschrecken und die Mittelrippe flach schneiden. Die Blätter auf einem Küchentuch auslegen.
- Auf jedes Blatt etwas Füllung geben. Die Blätter an den Seiten einschlagen und die Rouladen von der Rippe her aufrollen. Mit Küchenschnur binden.
- Die Rouladen in der heißen Bratbutter rundum anbraten. Den Fond dazugeben und die Rouladen zugedeckt 15 Minuten schmoren lassen.
- Die Rouladen herausheben und warm halten und die Sauce etwas einkochen lassen.
- Den Speck in der heißen Butter kurz braten. Die Pilze und die Zwiebel 2 Minuten mitbraten. Die Petersilie beigeben und würzen.
- Die Pilze über die Rouladen geben und die Sauce separat dazu servieren.

Tipp:
Dazu passt Polenta.

Kohlrouladen mit gebratenen Pilzen

Silvio Rizzis Hackbraten

100 g Weißbrot, in dünne Scheiben geschnitten
20 g Butter
100 ml Weißwein
1 Zwiebel, fein gehackt
20 g Butter
½ Bund Petersilie, fein gehackt
250 g Rindfleisch, gehackt
250 g Kalbfleisch, gehackt
50 g Kalbsbrät
Salz, Pfeffer aus der Mühle

100 ml Wasser
30 g Butter

▪ Die Brotscheiben in der Butter anrösten. In den Weißwein legen und fein zerkrümeln.
▪ Die Zwiebeln in der Butter andünsten.
▪ Sämtliche Zutaten zum Fleischteig mischen und diesen gut würzen. Die Masse zu einem Laib formen und auf ein gefettetes Backblech legen. Im 200 Grad heißen Backofen insgesamt 40 Minuten braten.
▪ Das Wasser aufkochen und die Butter darin schmelzen lassen. Den Braten nach 10 Minuten mit der Hälfte der Butter-Wasser-Mischung begießen. Nach weiteren 10 Minuten den Rest der Mischung darüber geben. Den Ofen auf 120 Grad zurückstellen und den Braten noch weitere 20 Minuten fertig garen.

Tipp:
Aufgeschnitten mit einem Kartoffelgratin servieren.

Kartoffel-Fleisch-Bällchen in pikanter Sauce

400 g mehlig kochende Kartoffeln
400 g Hackfleisch, dreierlei
1 große Zwiebel , fein gehackt
2 Knoblauchzehen, zerdrückt
½ Bund Petersilie, gehackt
Salz, Pfeffer aus der Mühle

Sauce:
1 Zwiebel, fein gehackt
2 rote Peperoncini, fein gehackt
3 EL Olivenöl
400 g Dosentomaten (Pelati)
200 ml kräftige Gemüsebouillon
Salz, Pfeffer aus der Mühle

Petersilie, gehackt

▪ Die Kartoffeln weich kochen, schälen und zerdrücken.
▪ Das Hackfleisch mit den zerdrückten Kartoffeln sowie Zwiebel, Knoblauch, Petersilie und den Gewürzen gut mischen. Aus der Masse mit nassen Händen 24 Kugeln formen. Im Dampf etwa 10 Minuten garen.
▪ Für die Sauce Zwiebel und Peperoncini im Öl andünsten. Die restlichen Zutaten beifügen und 20 Minuten kochen lassen.
▪ Die Kartoffel-Fleisch-Bällchen auf der Sauce anrichten und mit Petersilie bestreuen.

Silvio Rizzis Hackbraten

Gratin mit Kartoffel-Sellerie-Püree

Sheperd's Pie einmal anders

400 g Schweinefleisch, gehackt
2 EL Olivenöl
1 Zwiebel, gehackt
1 Knoblauchzehe, zerdrückt
1 EL Mehl
250 ml Fleischfond
2 EL Tomatenpüree
2 EL Rosmarin, gehackt
1 TL Selleriesalz
Pfeffer aus der Mühle

600 g mehlig kochende Kartoffeln, in Würfel geschnitten
1 Sellerieknolle, geschält und in Würfel geschnitten
2 EL Butter
3 EL Milch
Salz, Pfeffer aus der Mühle
etwas Butter, in Flöckchen

Das Hackfleisch im heißen Öl anbraten. Die Zwiebel und den Knoblauch dazugeben und 5 Minuten weiterbraten. Das Mehl einrühren und nach und nach den Fond dazugießen. Die restlichen Zutaten beigeben und alles 20 Minuten köcheln lassen.

Die Fleischmischung in eine Auflaufform von 1 Liter Inhalt geben.

Die Kartoffeln zusammen mit den Selleriewürfeln 10 Minuten in Wasser garen. Abgießen und zu Püree zerstampfen. Die Butter und die Milch darunter mischen, abschmecken. Das Püree über das Fleisch verteilen, mit Butterflöckchen belegen und im 190 Grad heißen Ofen 30 Minuten gratinieren.

Fleischklößchen mit Kohlrabi

2 Kohlrabi, geschält
300 ml Salzwasser

Fleischklößchen:
500 g Hackfleisch, dreierlei
1 Semmel, in Stücke geschnitten
4 EL Milch
1 Ei
Muskat, Salz, Pfeffer aus der Mühle

20 g Butter
2 EL Mehl
100 ml Milch
50 ml Weißwein
Salz, weißer Pfeffer aus der Mühle
1 EL Kräutersenf
½ Bund Kerbel, grob gehackt

Die Kohlrabi in je 8 Schnitze schneiden und im Salzwasser knapp weich kochen. Warm halten und den Gemüsefond beiseite stellen.

Die Semmel in der warmen Milch auflösen und zusammen mit dem Ei und den Gewürzen unter das Hackfleisch mischen. Aus der Masse Klößchen formen und diese im Dampf etwa 10 Minuten garen.

Das Mehl in die heiße Butter einrühren. Mit dem beiseite gestellten Gemüsefond ablöschen. Milch und Weißwein beigeben und 20 Minuten kochen lassen. Würzen. Den Senf und den Kerbel erst kurz vor dem Servieren beigeben.

Die Kohlrabischnitze auf die Teller verteilen, die Klößchen darauf legen und mit reichlich Sauce überziehen.

Tipp:
Wildreis, gemischt mit weißem Reis, sieht hübsch dazu aus.

Sommereintopf mit Mettbällchen

300 g grobe deutsche Mettwurst (oder Saucisson), gehäutet
200 g Kalbsbrät

2 Gemüsegurken
2 Fleischtomaten
1 rote Zwiebel, fein gehackt
2 EL Olivenöl
20 g getrocknete Steinpilze, in Wasser eingeweicht
Salz, Pfeffer aus der Mühle

½ Bund Dill, grob gehackt
4 EL Crème fraîche

Das Mett oder die Saucisson mit dem Brät gut mischen. Aus der Masse mit nassen Händen 16 Kugeln formen und diese in heißem Wasser, knapp vor dem Siedepunkt, 10 Minuten ziehen lassen. Den Topf vom Herd nehmen.

Die Gurken schälen, längs halbieren, entkernen und in feine Scheiben schneiden. Die Tomaten in Schnitze schneiden.

Die Zwiebel im Öl andünsten. Die Gurkenscheiben und Tomatenschnitze dazugeben und mitdünsten. Die eingeweichten Pilze ausdrücken, zum Gemüse geben und ebenfalls kurz mitdünsten. Das Einweichwasser von den Pilzen nach ein paar Minuten dazugeben. Den Eintopf würzen und etwa 15 Minuten köcheln lassen. Falls nötig noch etwas mit dem Kochsud der Mettbällchen verdünnen.

Die Fleischbällchen zum Gemüse geben und nochmals aufwärmen.

Den Eintopf in tiefen Tellern anrichten, mit Dill bestreuen und je 1 Esslöffel Crème fraîche darauf geben.

Gefüllte Frikadellen

Frikadellenmasse:
500 g Lammhackfleisch
100 g Kochspeck, fein gewürfelt
1 große Zwiebel, fein gehackt
1 Knoblauchzehe, fein gehackt
2 EL Petersilie, fein gehackt
1 EL Thymian, fein gehackt
1 TL edelsüßer Paprika
Salz, Pfeffer aus der Mühle
2 Eier
3 Scheiben Toastbrot, ohne Rinde, im Cutter zerkleinert

2 rote Peperoni (Paprikaschoten)
150 g Roquefort

2 EL Olivenöl

Sämtliche Zutaten für die Fleischmasse mischen.

Die Peperoni in Viertel schneiden und entkernen. Mit der Hautseite nach oben auf ein Backblech legen und unter dem Grill rösten, bis die Haut schwarz wird und Blasen wirft. Unter einem feuchten Tuch oder nassem Haushaltpapier einige Minuten auskühlen lassen. Die Haut abziehen und mit einem Ausstecher 8 Rondellen von etwa 5 cm Durchmesser aus den Peperoni ausstechen. Die Abschnitte für die Sauce beiseite legen.

Den Roquefort in Scheiben schneiden und ebenfalls 8 Rondellen ausstechen.

Aus dem Fleischteig 8 Kugeln formen und zu Fladen von etwa 15 cm flach drücken. Jeden der Fleischfladen mit einer Peperoni- und einer Käsescheibe belegen. Den Fleischteig über die Füllung klappen und glatt streichen.

Die Frikadellen im heißen Öl bei kleiner Hitze auf jeder Seite 8 Minuten braten.

Für die Sauce die Peperonireste im Mixer pürieren. In einem Saucenpfännchen erwärmen, falls nötig mit etwas Fleischfond verdünnen und abschmecken.

Tipp:
Dazu passen Bratkartoffeln und ein Salat.

Gefüllte Frikadellen

Börek-Röllchen

Knusprige Röllchen mit würziger Füllung

Ergibt etwa 12 Stück

1 kleine Zwiebel, fein gehackt
1 Knoblauchzehe, fein gehackt
2 EL Olivenöl
150 g Lammhackfleisch (ersatzweise Rinderhackfleisch)
1 EL Tomatenpüree
1 TL Ras el Hanout (orientalische Gewürzmischung; ersatzweise gemahlener Kreuzkümmel)
1 TL gemahlener Koriander
Salz, Pfeffer aus der Mühle

150 g Yufka-Teigblätter (aus dem türkischen Lebensmittelladen; ersatzweise Filoteig oder Strudelteig)
20 g Butter, flüssig

▪ Zwiebel und Knoblauch im Öl andünsten. Das Hackfleisch dazugeben und einige Minuten mitbraten. Das Tomatenpüree und die Gewürze beifügen und mit Salz und Pfeffer abschmecken. Auskühlen lassen.

▪ Den Filoteig auseinander falten, dabei jeweils zwei Lagen aufeinander lassen. Den Teig in Rechtecke von 14 × 16 cm schneiden. Zwischen die Teiglagen mit dem Pinsel flüssige Butter auftragen.

▪ Die Füllung in einem diagonalen Streifen auf die Rechtecke setzen, die Ecken am oberen und unteren Ende der Füllung darüber nach innen legen und die Börek zigarrenförmig einrollen.

▪ Im 150 Grad heißen Ofen etwa 15 Minuten backen.

Tipps:

Die Börek können im Voraus gebacken werden und müssen dann vor dem Servieren nur nochmals aufgewärmt werden.
Eignet sich hervorragend zum Apéro. Als Variante: Füllung mit Fetakäse.

Börek-Röllchen

Gefüllte Kibbeh

Couscous-Hackbällchen

400 ml Wasser
½ TL Salz
1 TL Currypulver
1 TL gemahlener Kreuzkümmel
150 g Couscous
1 TL Maisstärke

1 rote Zwiebel, fein gehackt
2 EL Olivenöl
250 g Hackfleisch, Lamm oder Rind
¼ TL Pimentpulver
¼ TL Zimtpulver
½ TL Sumach (orientalische Gewürzmischung)
30 g Walnüsse, gehackt
Salz

Öl zum Frittieren oder Braten

1 Limette, in Schnitze geschnitten
einige Stengel Petersilie

- Das Wasser aufkochen, die Gewürze beigeben und das Couscous einrühren. Den Topf vom Herd ziehen und das Couscous zugedeckt 15 Minuten quellen lassen. Die Maisstärke darunter mischen.
- Die Zwiebel im heißen Öl andünsten. Das Hackfleisch dazugeben und 5 Minuten braten. Die Gewürze und die Nüsse beifügen. Die Masse auskühlen lassen.
- Aus dem Couscousteig mit nassen Händen 16 Kugeln formen. Die Kugeln bis zur Weiterverarbeitung unter angefeuchtetem Haushaltspapier bereithalten. Mit dem Zeigefinger ein Loch in jede der Teigkugeln drücken und diese zu Kegeln formen. Etwas Füllung hineingeben und das Teigbällchen gut verschließen. Die Kibbeh wieder unter das feuchte Haushaltspapier legen.
- Das Öl erhitzen und die Kibbeh in kleinen Portionen goldgelb frittieren.
- Mit Limettenscheiben und Petersilie anrichten.

Gefüllte Kibbeh

Auberginenrollen

2 längliche Auberginen
4 EL Olivenöl

300 g Lammhackfleisch
1 rote Peperoni (Paprikaschote), gehackt
1 Zwiebel, fein gehackt
1 TL scharfer Paprika
1 TL Ras el Hanout (orientalische Gewürzmischung)
Salz, Pfeffer aus der Mühle

2 EL Olivenöl
2 Tomaten, in 8 Scheiben geschnitten

1 Becher griechischer Joghurt nature
1 Knoblauchzehe, zerdrückt
1 Bund Minze, grob gehackt

Die Auberginen der Länge nach in 1 cm dicke Scheiben schneiden. Salzen und im Öl auf beiden Seiten braten, bis sie knapp gar sind.

Für die Hackfleischmasse alle Zutaten mischen und gut würzen. Die Auberginenscheiben mit der Hackfleischmasse belegen und aufrollen. Mit Zahnstochern fixieren.

Eine geölte Gratinform mit den Tomatenscheiben auslegen und mit je 1 Auberginenrolle belegen. Etwas Öl darüber träufeln und im 180 Grad heißen Ofen 20 Minuten garen.

Den Joghurt mit Knoblauch und Minze verrühren und als Sauce zu den Auberginenröllchen servieren.

Tipp:
Die Rollen können auch kalt serviert werden.

Köfte mit Tatar

Eine edle Variante der türkischen Hackbällchen

50 g Bulgur
100 ml Wasser

250 g Tatar (gehackte Rinderhuft oder -beefsteak)
2 Knoblauchzehen, zerdrückt
1 kleine Zwiebel, gerieben
1 EL Tomatenpüree
1 TL scharfer Paprika
1 TL gemahlener Kreuzkümmel
½ Bund glatte Petersilie, fein gehackt
6 Pimentkörner, zerstoßen
Salz, Pfeffer aus der Mühle

Den Bulgur in das kochende Wasser geben und abseits vom Herd 15 Minuten quellen lassen.

Sämtliche Zutaten mischen und gut durchkneten. Aus der Masse mit Hilfe von 2 Esslöffeln 12 Nocken formen.

Auf Salat oder zusammen mit anderen Mezze servieren.

Auberginenrollen

Köfte auf Tomatensauce

350 g Hackfleisch, Lamm oder Rind
25 g Brotbrösel
1 Zwiebel, gerieben
1 EL Minze, gehackt
1 TL gemahlener Kreuzkümmel
1 TL Kurkuma
Salz, Pfeffer aus der Mühle
3 EL Olivenöl

Tomatensauce:
1 Zwiebel, gehackt
1 EL Olivenöl
400 g Dosentomaten (Pelati)
1 EL Tomatenpüree
½ Zitrone, ausgepresst
Salz, Pfeffer aus der Mühle

Für die Köfte alle Zutaten mischen und gut durchkneten. Walnussgroße Bällchen formen und im heißen Öl rundherum braten.

Für die Tomatensauce die Zwiebel im heißen Öl dünsten. Die restlichen Zutaten beigeben und würzen. 10 Minuten kochen lassen.

Die Fleischbällchen in die Sauce geben und weitere 15 Minuten köcheln lassen. Auf Nudeln anrichten und mit frischer Minze garnieren.

Gefüllte Kartoffeln

4 große, längliche Kartoffeln

2 Zwiebeln, halbiert und in dünne Scheiben geschnitten
2 EL Olivenöl
250 g Hackfleisch, Rind oder Lamm
3 Cecei (Spitzpeperoni), halbiert und in dünne Scheiben geschnitten
2 Tomaten, gehäutet und in Würfel geschnitten
2 EL Petersilie, gehackt
2 EL Minze, gehackt
Salz, Pfeffer aus der Mühle

2 EL Olivenöl
150 ml Fleischfond
Butterflöckchen nach Belieben

Die Kartoffeln schälen und der Länge nach halbieren. Die Kartoffeln so weit aushöhlen, dass nur noch eine dünne Wand bleibt.

Die Zwiebeln im heißen Öl andünsten. Das Hackfleisch dazugeben und 3 Minuten braten. Die restlichen Zutaten beigeben und würzen. Alles zusammen 5 Minuten dünsten.

Die Kartoffeln mit der Masse füllen und in eine gefettete Form stellen. Den Fleischfond dazugießen und die Kartoffeln, nach Belieben, mit Butterflöckchen belegen. Im 200 Grad heißen Ofen 30 Minuten schmoren lassen.

Nach Belieben die Kartoffelreste vom Aushöhlen in der Form mitgaren.

Crevettenspieße mit Tomaten

Für 8 Spieße

800 g rohe Riesencrevetten, geschält und gehackt
1 Eiweiß
1 EL Koriandergrün, gehackt
1 Prise Chilipulver
1 Prise gemahlener Kreuzkümmel
1 TL Ras el Hanout (orientalische Gewürzmischung)
Salz, Pfeffer aus der Mühle

16 Cherrytomaten

■ Die gehackten Crevetten mit dem Eiweiß mischen und die Gewürze dazugeben. Von Hand alles gut verkneten und kühl stellen.
■ Die Masse in 16 gleich große Portionen aufteilen und diese zu Würstchen formen. Jeweils 2 Crevettenwürstchen, abwechselnd mit 2 Cherrytomaten, auf Holzspieße stecken.
■ Auf dem Grill oder in der Pfanne (mit etwas Öl) etwa 8 Minuten braten.

Tipp:
Dazu schmeckt geröstetes Pittabrot oder ein Kartoffelsalat mit viel Petersilie.

Fisch-Köfte

500 g weiße Fischfilets
100 ml Fischfond
2 Scheiben trockenes Weißbrot, Rinde entfernt

2 EL gehackte Petersilie
2 EL gehackter Dill
1 TL gemahlener Piment
1 TL Rosenpaprika
2 EL Pinienkerne, gehackt
1 Ei
2 EL Zitronensaft
Salz, Pfeffer aus der Mühle

4 EL Mehl
1 Ei, verquirlt
4 EL Paniermehl
3 EL Pflanzenöl

■ Die Fischfilets im Fischfond pochieren, bis sie knapp gar sind. Herausheben.
■ Im verbliebenen Fond das Brot einweichen.
■ Den Fisch klein hacken und die Kräuter, die Gewürze, das Ei und den Zitronensaft beigeben. Das Brot ausdrücken und zu der Fischmasse geben. Alles gut mischen.
■ Aus der Masse Frikadellen formen und diese zuerst im Mehl, dann im Ei und zum Schluss im Paniermehl wenden.
■ Im heißen Öl von beiden Seiten 2 Minuten goldbraun braten.
■ Mit Zitronenscheiben garnieren und mit Salat oder Gemüse servieren.

Kichererbsen-Joghurt-Suppe mit Fleischbällchen

Ergibt etwa 24 Fleischbällchen

400 g Rindfleisch, gehackt
1 Zwiebel, fein gehackt
1 TL gemahlener Kreuzkümmel
Salz, Pfeffer aus der Mühle

Kichererbsensuppe:
1 Zwiebel, fein gehackt
4 EL Olivenöl
1 TL Kurkuma
Salz, Pfeffer aus der Mühle
1 Dose (400 g) Kichererbsen mit Sud
150 g rote Linsen
2 Becher Joghurt nature (wenn möglich griechisches)
½ Bund Koriander, gehackt
½ Bund Dill, gehackt
½ Bund Schnittlauch, fein geschnitten

Garnitur:
3 Knoblauchzehen, in dünne Scheiben geschnitten
1 TL Kurkuma
2 EL Olivenöl
4 Zweige Minze, Blätter abgezupft
1 Becher Crème fraîche

Das Hackfleisch mit der Zwiebel mischen und würzen. Kleine Bällchen daraus formen.

Für die Suppe die Zwiebel im heißen Öl dünsten. Salz, Pfeffer und Kurkuma beigeben. Mit 1 Liter Wasser aufgießen. Die Kichererbsen mit dem Sud beigeben und die Suppe 15 Minuten kochen. Die Linsen beigeben und die Fleischbällchen einlegen. Die Suppe nur noch leicht 15 Minuten köcheln lassen.

Inzwischen für die Garnitur die Knoblauchscheiben zusammen mit dem Kurkuma im heißen Olivenöl anbraten. Die Pfanne vom Herd nehmen und die Minze dazugeben.

Den Joghurt mit etwas heißer Suppe mischen und dann in die Suppe rühren. Zuletzt die frischen gehackten Kräuter darunter mischen.

Auf jede Portion 1 Esslöffel Crème fraîche geben und etwas Knoblauch-Minze darauf geben.

Hühner-Köfte

400 g Hühnerbrust, ohne Haut und Knochen
3 EL Paniermehl
1 Ei
½ Bund glatte Petersilie, gehackt
1½ TL Rosenpaprika
Salz, Pfeffer aus der Mühle

Öl zum Braten

Die Hühnerbrüste in Würfel schneiden und im Cutter hacken.

Das Fleisch mit Paniermehl, Ei, Petersilie und den Gewürzen gut mischen. Mit nassen Händen aus der Masse 12 kleine Würstchen von etwa 7 cm Länge formen. Die Würstchen im heißen Öl rundherum etwa 10 Minuten braten. Das Hühnerfleisch muss durchgebraten sein.

Tipp:
Zum Beispiel auf Blattspinat anrichten.

Kichererbsen-Joghurt-Suppe mit Fleischbällchen

Lammhackspieß

500 g Lammhackfleisch
1 Bund Koriander, gehackt
1 TL gehackter Kreuzkümmel
½ TL scharfer Paprika
1 Ei
Salz, Pfeffer aus der Mühle

4 kleine Zwiebeln, geschält und halbiert
12 Lorbeerblätter
2 EL Olivenöl

▪ Das Lammhackfleisch mit Koriander, Kreuzkümmel, Paprika und dem Ei mischen. Abschmecken.
▪ Aus dem Fleischteig mit nassen Händen kleine Bällchen formen. Diese abwechslungsweise mit den Zwiebelhälften und den Lorbeerblättern auf Grillspieße stecken.
▪ Mit Öl bestreichen und auf dem Grill oder unter dem Backofengrill etwa 8 Minuten braten.

Tipp:

Mit einem Couscoussalat servieren.

Fleischbällchen in saurer Sauce

2 Zwiebeln, gerieben
400 g Rinderhackfleisch
1 Ei
80 g Rundkornreis
2 EL Koriander, gehackt
2 TL scharfer Paprika
1 TL gemahlener Kreuzkümmel
Salz, Pfeffer aus der Mühle

3 EL Mehl

800 ml Fleischbrühe
2 große Karotten, geschält und klein gewürfelt
1 große, mehlig kochende Kartoffel, geschält und klein gewürfelt
2 Eigelb
1 Zitrone, ausgepresst

grob gehackter Koriander

▪ Sämtliche Zutaten für die Fleischmasse gut mischen. Aus der Masse kleine Bällchen formen und im Mehl wälzen.
▪ Die Fleischbrühe aufkochen und die Fleischbällchen zusammen mit dem Gemüse einlegen. Bei kleiner Hitze 30 Minuten köcheln lassen.
▪ Die Eigelbe mit dem Zitronensaft verquirlen und mit etwas heißer Brühe vermischen. Den Fond damit binden. Die Sauce darf dann nicht mehr kochen, weil sie sonst gerinnt.
▪ Mit grob gehacktem Koriander garnieren.

Lammhackspieß

Gemischte gefüllte Gemüse aus dem Dampf

2 Peperoni (Paprikaschoten), Deckel abgeschnitten und Kerne entfernt
2 Zucchini, halbiert und ausgehöhlt
2 kleine Auberginen, halbiert und ausgehöhlt
8 eingelegte Weinblätter

600 g Lammhackfleisch
1 Ei
30 g Rundkornreis
½ Bund Minze, gehackt
½ TL gemahlener Koriander
1 TL scharfer Paprika
Salz, Pfeffer aus der Mühle

1 Bund glatte Petersilie, gehackt

- Die Gemüse zum Füllen vorbereiten.
- Das Hackfleisch mit dem Ei, dem Reis, der Minze und den Gewürzen mischen. Das klein geschnittene Fruchtfleisch von den Zucchini und Auberginen dazugeben und gut mischen.
- Die Peperoni mit der Masse füllen und den Deckel darauf setzen. Die Zucchini- und Auberginenhälften ebenfalls füllen und die passenden Hälften wieder aufsetzen.
- Die Weinblätter ausbreiten und je 1½ Esslöffel Masse in die Mitte setzen. Auf beiden Seiten das Blatt etwas einschlagen und von der Stielseite her aufrollen.
- Die Gemüse in den Dampfeinsatz legen und etwa 30 Minuten dämpfen.
- Die gehackte Petersilie über die Gemüse streuen und nach Belieben Joghurt nature dazu servieren.

Tipp:
Die Gemüse können auch kalt gegessen werden.

Auberginen-Moussaka

Der griechische Klassiker:
Hack-Auberginen-Auflauf

250 g Hackfleisch, Rind oder Lamm
2 Zwiebeln, gehackt
3 Tomaten, gehäutet und gewürfelt
3 verschiedenfarbige Peperoni (Paprikaschoten), in Streifen geschnitten
3 EL Olivenöl
1 TL edelsüßer Paprika
Salz, Pfeffer aus der Mühle

3 Auberginen, längs in dünne Scheiben geschnitten
150 ml Fleischfond
½ Bund Petersilie, gehackt
50 g geriebener Käse
25 g Butter

- Das Hackfleisch zusammen mit dem Gemüse im heißen Öl 5 Minuten braten. Würzen.
- In eine gefettete Gratinform zuerst eine Lage Auberginenscheiben und dann eine Schicht Hackfleisch-Gemüse-Masse geben und so fortfahren, bis alles aufgebraucht ist. Die oberste Schicht sollte Hackfleisch sein.
- Mit dem Fleischfond begießen, mit Petersilie bestreuen und den Käse darüber verteilen. Die Butter in Flocken darauf setzen. Im 180 Grad heißen Ofen 30 Minuten backen.

Orientalischer Strudel mit Joghurtsauce

Füllung:
1 Zwiebel, fein gehackt
1 Knoblauchzehe, zerdrückt
1 EL Olivenöl
500 g Hühnerfleisch, gekocht, ohne Haut und Knochen
100 g Feta, zerbröckelt
1 EL fein gehackte Petersilie
1 EL fein gehackter Koriander
1 EL fein gehackte Minze
2 Eier, verklopft
Salz, Pfeffer aus der Mühle

120 g Strudelteig
2 EL Olivenöl
100 g Mandeln, gehackt und geröstet

Joghurtsauce:
1 Salatgurke
1 Becher griechischer Joghurt nature
200 g Crème fraîche
3 Knoblauchzehen, zerdrückt
½ Zitrone, ausgepresst
2 Bund Dill, grob gehackt
Salz und Pfeffer aus der Mühle

▪ Für die Füllung die Zwiebel und den Knoblauch im heißen Öl andünsten. In eine Schüssel geben.

▪ Das Hühnerfleisch mit einem scharfen Messer fein hacken. Alle Zutaten gut mischen und würzen.

▪ Den Strudelteig auf einem feuchten Tuch auseinander falten. Den Teig in Quadrate von etwa 40 × 40 cm schneiden, mit Öl bestreichen und übereinander legen. Mit den gerösteten Mandeln bestreuen.

▪ Die Füllung über den Mandeln verteilen. Den Strudel mit Hilfe des Tuchs locker aufrollen. Die Enden nach unten klappen. Auf einem mit Backpapier belegten Blech im 200 Grad heißen Ofen etwa 40 Minuten backen.

▪ Für die Joghurtsauce die Gurke schälen, der Länge nach halbieren und die Kerne mit einem Teelöffel auskratzen. Die Gurke raffeln und mit allen anderen Zutaten mischen. Würzen und kalt stellen.

Tipp:
Der Strudel kann ½ Tag im Voraus zubereitet werden. Den ungebackenen Strudel im Kühlschrank aufbewahren.

Crevetten-Hühnerfleisch-Toasts

1 Hühnerbrust, ohne Haut und Knochen, grob gehackt
100 g gekochte Crevetten, gehackt
1 Ei, verklopft
3 Frühlingszwiebeln, gehackt
2 Knoblauchzehen, gepresst
2 TL gehackter Koriander
1 TL Fischsauce
Salz, Pfeffer aus der Mühle

12 Scheiben Toastbrot, ohne Rinde
75 g Sesamsamen
Öl zum Frittieren

1 Frühlingszwiebel, in feine Ringe geschnitten

- Das Hühnerfleisch zusammen mit den Crevetten im Cutter pürieren. Die restlichen Zutaten dazugeben und nochmals kurz pürieren. Abschmecken.
- Die Mischung auf die Toastbrotscheiben streichen. Die Sesamsamen auf einen flachen Teller geben und die Toastbrotscheiben mit dem Belag in die Samen drücken. Mit einem scharfen Messer die Brote jeweils in 6 Rechtecke schneiden.
- Das Öl 1 cm hoch in einer weiten Bratpfanne erhitzen und die Brote auf beiden Seiten goldbraun braten. Mit den Frühlingszwiebelringen garnieren.

Tipp:
Zum Apéro oder auf einem Salat servieren.

Krabbenbrot mit Hühnerfleisch

150 g Hühnerbrust, ohne Haut und Knochen
1 EL Reiswein
1 EL Maisstärke, in 2 EL Wasser angerührt
Salz

Sauce:
1 EL Zucker
1 TL Reisessig
1 TL Sojasauce

2 EL Pflanzenöl
½ grüne Peperoni (Paprikaschote), in kleine Würfel geschnitten
1 Stück Ingwer, geschält, fein gehackt
2 Knoblauchzehen, fein gehackt
2 TL scharfe Bohnenpaste (Fertigprodukt)

1 Packung fertiges Krabbenbrot (Krupuk/Kroepoek)

1 Frühlingszwiebel, in feine Ringe geschnitten

- Das Hühnerfleisch mit einem großen Messer fein hacken. Mit dem Reiswein, Salz und ½ Esslöffel aufgelöster Maisstärke mischen.
- Für die Sauce den Zucker mit der restlichen Maisstärke, dem Reisessig und der Sojasauce mischen.
- Das Öl erhitzen und das Hühnerfleisch darin anbraten. Gemüse und Bohnenpaste beigeben und mitbraten. Die Sauce dazugeben und weitere 2 Minuten dünsten.
- Die Masse auf die Krabbenbrote verteilen, mit den Frühlingszwiebeln bestreuen und sofort servieren.

Tipp:
Schmeckt sehr gut zum Apéro oder als kleine Vorspeise.

Gefüllte Chicoréeblätter

2 Knoblauchzehen, zerdrückt
1 EL Ingwer, fein gehackt
4 Frühlingszwiebeln, fein gehackt
½ TL Shrimp-Paste (aus dem Asienladen, ersatzweise Fischsauce)
1 EL fein gehacktes Zitronengras
2 TL Sambal Oelek
1 EL Pflanzenöl
150 g Schweinefilet, fein gehackt
250 g Cherrytomaten, in Viertel geschnitten
2 EL Kokosmilch
½ Bund Koriander, grob gehackt

2 Chicorées, Blätter ausgelöst

▪ Knoblauch bis und mit Sambal Oelek im heißen Öl braten, bis die Frühlingszwiebeln weich sind. Das Schweinefleisch dazugeben und weiterbraten, bis das Fleisch hell wird. Die Tomaten und die Kokosmilch dazugeben und weiterbraten, bis die Masse andickt. Den Koriander darunter mischen.
▪ Die Chicoréeblätter mit der Masse füllen und noch warm servieren.

Tipp:
Mit der Masse lassen sich auch Champignons füllen.

Dim Sum

Reisigel

80 g Klebreis

1 kleine rote Zwiebel, fein gehackt
1 Knoblauchzehe, fein gehackt
1 TL Palmzucker (ersatzweise brauner Zucker)
1 EL Pflanzenöl
400 g Schweinefleisch, gehackt
½ Bund Koriander, gehackt
2 EL helle Sojasauce
1 Eiweiß
1 EL Reiswein
Salz, Pfeffer aus der Mühle

▪ Den Reis in einem Sieb unter fließendem kaltem Wasser waschen und über Nacht in kaltem Wasser einweichen. Abschütten.
▪ Die Zwiebel zusammen mit dem Knoblauch und dem Zucker im heißen Öl anbraten. Abkühlen lassen und mit dem Hackfleisch und den restlichen Zutaten mischen.
▪ Aus dem Fleischteig kleine Bällchen formen und im Reis wälzen, bis sie ringsum von Reis bedeckt sind.
▪ Die Dim Sum im Dampf etwa 20 Minuten garen.

Tipp:
In China werden Dim Sum als kleine Zwischenmahlzeit zum Tee serviert. Bei uns passen sie auch gut zu einem kühlen Bier.

Gedämpfte Wontons mit Chili-Limettensauce

130 g Schweinefleisch, gehackt
1 TL getrocknete Crevetten, fein gehackt
2 Schalotten, fein gehackt
1 grüne Chili, fein gehackt
1 TL Maisstärke
1 Ei, verklopft
2 TL dunkle Sojasauce
2 TL Reiswein
evtl. Salz, Pfeffer aus der Mühle

12 Wontonblätter (Asienladen)
1 TL Sesamöl

Chili-Limettensauce:
4 grüne Chilis, grob gehackt
2 Knoblauchzehen, grob gehackt
1½ Limetten, ausgepresst
1 EL Fischsauce
2 EL Koriander, gehackt

▪ Das Fleisch mit Crevetten, Schalotten und Chili mischen.
▪ Die Maisstärke mit der Hälfte des verklopften Eis mischen und zusammen mit der Sojasauce und dem Reiswein zur Fleischmischung geben. Falls nötig, mit Salz und Pfeffer würzen.
▪ Die Wontonblätter auf der Arbeitsfläche ausbreiten. Auf jedes Blatt 1 Teelöffel Fleischmischung geben. Mit dem restlichen Ei die Teigränder bestreichen. Die 4 Ecken anheben und so zusammendrücken, dass in der Mitte die Füllung ein wenig sichtbar bleibt.
▪ Die Wontons auf den mit Sesamöl bestrichenen Dampfeinsatz legen und etwa 15 Minuten dampfgaren.
▪ Sämtliche Zutaten zur Sauce mit dem Stabmixer zerkleinern und zu den Wontons servieren.

Hühnerfleischklößchen mit Romanesco

300 g Hühnerbrust, ohne Knochen und Sehnen
1 TL Sake (Reiswein)
Salz, Pfeffer aus der Mühle
1 EL Maisstärke, in 1 EL Wasser angerührt
1 TL Galgant, gerieben (ersatzweise Ingwer)

1 Romanesco, in Röschen zerteilt

200 ml Hühnerbrühe
Salz, Pfeffer aus der Mühle

▪ Das Hühnerfleisch mit einem großen Messer fein hacken. Mit Sake, Salz und Pfeffer, 1 Teelöffel der angerührten Maisstärke sowie dem Galgant mischen. Aus der Masse mit nassen Händen 20 Bällchen formen. Die Fleischbällchen im Dampf 8 Minuten garen.
▪ Die Romanescoröschen ebenfalls im Dampf knapp garen.
▪ Die Hühnerbrühe etwas einkochen lassen, würzen und die restliche Maisstärke einrühren. Kochen lassen, bis die Sauce gebunden ist.
▪ Die Romanescoröschen auf die Fleischbällchen setzen und warm mit einer Gemüsegarnitur und weißem Reis servieren. Die Sauce separat dazu reichen.

Hühnerfleischklößchen mit Romanesco

Fisch-Meeresfrüchte-Satés mit süßsaurer Tomatensauce

150 g Fischfilets, ohne Haut und Gräten (z.B. Makrele, Dorade)
150 g rohe Crevetten, ohne Schale
50 g Kokosnussraspel
2 TL Sambal Manis (Asienladen)
5 Limettenblätter, in sehr feine Streifen geschnitten
1 TL schwarze Pfefferkörner, zerstossen
1 TL Salz
3 grüne Chilis, entkernt und fein gehackt
2 EL brauner Zucker

8 Stengel Zitronengras, 15 cm lang (ersatzweise Saté-Spießchen)

Süßsaure Tomatensauce:
200 ml Tomatensaft
1 EL Reiswein
2 EL Reisessig
4 EL dunkle Sojasauce
schwarzer Pfeffer, zerstoßen

Die Fischfilets zusammen mit den Crevetten im Cutter hacken oder mit einem großen Küchenmesser von Hand fein hacken. Alle anderen Zutaten dazugeben und gut mischen.

Je einen gehäuften Esslöffel dieser Mischung um das dicke Ende der Zitronengrasstengel wickeln und gut festdrücken.

Die Satés auf dem Holzkohlengrill grillieren oder im heißen Öl goldbraun braten.

Für die Sauce sämtliche Zutaten bis auf den Pfeffer mischen und etwas einkochen lassen. Vor dem Servieren den Pfeffer dazugeben.

Tipp:

Die Sauce kann warm oder kalt serviert werden.

Fisch-Meeresfrüchte-Satés mit süßsaurer Tomatensauce

Hühnerfleischroulade

2 EL grüne Currypaste (Fertigprodukt)
1 kleine Zwiebel, fein gehackt
1 Knoblauchzehe, zerdrückt
½ rote Peperoni (Paprikaschote), fein gehackt
1 EL Öl
300 g Hühnerbrust, ohne Haut und Knochen
1 Ei, leicht verklopft

1 Bund Koriander, fein gehackt
1 Bund Schnittlauch, fein gehackt
1 TL grüne Currypaste

Alle Zutaten bis und mit Peperoni 5 Minuten im heißen Öl dünsten. Auskühlen lassen.
Das Hühnerfleisch im Cutter zerkleinern, mit dem Ei und der Zwiebelmischung vermengen.
Die Kräuter mit der Currypaste mischen.
Die Hühnerfleischmischung in 4 Portionen teilen. 4 Stücke Alufolie von 30 × 30 cm auf die Arbeitsfläche legen. Jeweils die Hälfte jeder Portion Fleischmischung auf die Alufolie streichen (ca. 20 × 20 cm groß). Die Kräutermischung darauf verteilen. Die restliche Masse darauf geben und zu dicken, aber festen Rollen formen. Die Alufolienpäckchen wie einen Bonbon verschließen.
Im Dampf 20 Minuten garen. Danach die Rouladen 15 Minuten stehen lassen, bevor sie aufgeschnitten werden.

Tipp:
Die Rollen lassen sich 1 Tag im Voraus zubereiten. Im Dampf aufwärmen.

Entenbrustsalat

3 EL roher Klebreis

1 Entenbrust von ca. 500 g

Sauce:
1 Stück Ingwer oder Galgant, fein gerieben
1 TL Palmzucker
3 EL Limettensaft
3 EL Fischsauce
1 TL getrocknete Chiliflocken
2 Frühlingszwiebeln, in feine Ringe geschnitten
2 rote Zwiebeln, in feine Ringe geschnitten
4 Stengel Minze, grob gehackt
8 Stengel Koriander, grob gehackt

einige Salatblätter
Thaibasilikum als Garnitur

Den Klebreis ohne Fett in der Pfanne hellbraun rösten, abkühlen lassen und im Cutter zu Reisgrieß zerkleinern.
Die Pfanne wieder erhitzen und die Entenbrust ebenfalls ohne Fett auf der Hautseite 10 Minuten braten. Wenden und weitere 8 Minuten braten. In der Pfanne ruhen lassen.
Sämtliche Zutaten für die Sauce mischen.
Die noch warme Entenbrust fein hacken und zusammen mit dem Reisgrieß zur Sauce geben.
Den Entenbustsalat lauwarm auf Salatblättern anrichten und mit Thaibasilikum garnieren.

Entenbrustsalat

Lamm-Patties mit Salat

Patties:
400 g gehacktes Lammfleisch
1 EL Ingwer, gerieben
1 Limette, Schale abgerieben
2 Knoblauchzehen, zerdrückt
6 asiatische (oder ersatzweise 3 einheimische) Frühlingszwiebeln, fein gehackt
1 Ei
1 TL Sambal Oelek
1 TL asiatische Fischsauce
1 TL helle Sojasauce

2 EL Erdnussöl

1 Bund Rucola
1 kleine rote Peperoni (Paprikaschote), in feine Streifen geschnitten
½ Salatgurke, in feine Scheiben geschnitten

Salatsauce:
3 EL Erdnussöl
1 Limette, Saft
1 Knoblauchzehe, zerdrückt
Salz, Pfeffer aus der Mühle

▪ Alle Zutaten für die Patties gut mischen und mit nassen Händen 12 kleine, flache Fleischküchlein formen. Im heißen Öl auf beiden Seiten etwa 3 Minuten braten.
▪ Rucola, Peperonistreifen und Gurkenscheiben auf den Tellern anrichten und Patties dazulegen.
▪ Die Zutaten für die Salatsauce mischen und über den Salat träufeln.

Tipps:
Statt für 4 Personen als Vorspeise mit Salat die Patties für 2 Personen als Hauptgericht mit Reis servieren.
Die Patties können auch kalt gegessen werden.

Dampf-Pork-Patties mit Erdnusssauce

Patties:
300 g Schweinefleisch, gehackt
100 g gekochter Schinken, gehackt
2 Knoblauchzehen, gepresst
2 TL Ingwer, gerieben
1 TL Fischsauce
1 Ei
3 Frühlingszwiebeln, fein gehackt

2 EL roher Langkornreis
2 EL Sesamsamen, geröstet
Sesamöl

Erdnusssauce:
2 Knoblauchzehen, gepresst
½ TL Ingwer, gerieben
2 TL Pflanzenöl
2 TL süße Chilisauce
1 EL Hoisin-Sauce
80 ml Wasser
1½ EL Erdnussbutter
1El Minze, gehackt

Sämtliche Zutaten für die Patties gut mischen. Aus der Mischung mit nassen Händen 4 große, flache Küchlein formen.

Den Reis und die Sesamsamen mischen und die Küchlein damit panieren.

Den Dampfeinsatz mit Sesamöl bestreichen. Die Küchlein darauf legen und etwa 20 Minuten dampfgaren.

Knoblauch und Ingwer im heißen Öl andünsten. Die restlichen Zutaten beigeben und gut mischen. Auskühlen lassen. Vor dem Servieren die Minze darunter mischen.

Tipp:
Die Sauce hält sich im Kühlschrank etwa 1 Woche.

Rotkohlsalat mit Hühnerfleisch

1 Hühnerbrust, ohne Haut und Knochen
½ Rotkohl, sehr fein geschnitten oder gehobelt
3 EL Fischsauce
½ Bund Minze, gehackt
½ Bund vietnamesischer Koriander (ersatzweise Koriander), gehackt
1 EL brauner Zucker
2 EL Limettensaft
schwarzer Pfeffer, zerstoßen

1 Schalotte, in Scheiben geschnitten
1 EL Pflanzenöl
2 EL Erdnüsse, grob gehackt
einige Stengel vietnamesischer Koriander

Die Hühnerbrust in wenig Bouillon 20 Minuten pochieren, etwas abkühlen lassen und grob hacken. Mit allen anderen Salatzutaten mischen und würzen. 1 Stunde durchziehen lassen.

Die Schalotte im Öl kurz braten.

Den Salat in Schälchen anrichten und mit Schalotte, Erdnüssen und Korianderblättchen garnieren.

Gebratenes Hühnerfleisch mit Chili

2 Hühnerbrüste, ohne Haut und Knochen
6 EL Reiswein
Salz
2 EL Maisstärke, in 2 EL Wasser angerührt

Sauce:
2 EL Zucker
2 EL schwarzer (ersatzweise weißer) Reisessig
5 EL Sojasauce

60 g frische Erdnüsse (ersatzweise geröstete Erdnüsse)
3 EL Pflanzenöl
10 getrocknete, rote Chilis, in große Stücke geschnitten
30 Szechuan-Pfefferkörner

3 EL Pflanzenöl
2 Frühlingszwiebeln, in feine Ringe geschnitten
1 Stück Ingwer, geschält und in feine Scheiben geschnitten
6 Knoblauchzehen, in feine Scheiben geschnitten

▪ Die Hühnerbrüste in Streifen und dann in sehr feine Würfel schneiden.

▪ Den Reiswein mit Salz und der Hälfte der angerührten Speisestärke verrühren. Das Fleisch darunter mischen und zugedeckt beiseite stellen.

▪ Für die Sauce den Zucker mit Essig, Sojasauce und der restlichen Maisstärke mischen.

▪ Die Erdnüsse im Öl rösten, aus der Pfanne nehmen und anschließend die Chilistücke und die Pfefferkörner im verbliebenen Öl anbraten. Beiseite stellen.

▪ Das Fleisch in 2–3 Portionen im heißen Öl anbraten. Die Frühlingszwiebeln, Ingwer und Knoblauch kurz mitbraten. Die angerührte Sauce hinzugeben und nochmals aufkochen. Zum Schluss die Erdnüsse, die Chilistücke und den Szechuanpfeffer darunter mischen.

Tipp:
Da dieses Gericht ziemlich scharf ist, eignet sich als Beilage am besten neutraler gedämpfter Reis.

Indischer Erbsen-Lamm-Topf

3 Zwiebeln, fein gehackt
4 EL Pflanzenöl
3 Knoblauchzehen, fein gehackt
2 Chilis, entkernt und fein gehackt
1 Stück Ingwer, gerieben
500 g Lammhackfleisch
1 TL gemahlener Kreuzkümmel
2 TL edelsüßer Paprika
¼ TL Chilipulver
1 TL Kurkuma
200 ml Wasser
2 TL Tomatenpüree
Salz, Pfeffer aus der Mühle
3 fest kochende Kartoffeln, geschält, in Würfel geschnitten
150 g Erbsen, tiefgefroren

Die Zwiebeln im heißen Öl andünsten. Knoblauch, Chili und Ingwer beigeben und 1 Minute mitbraten. Das Hackfleisch und die Gewürze dazugeben und 5 Minuten braten.

Das Wasser und das Tomatenpüree darunter rühren, mit Salz und Pfeffer würzen.

Die Kartoffeln beigeben und zugedeckt weitere 15 Minuten garen, bis die Kartoffeln weich sind. Zum Schluss die abgespülten Erbsen dazugeben und nur ganz kurz erwärmen.

Tipp:
Dazu passt ein Gurkensalat.

Chiliburger mit asiatischem Salat

500 g mageres Rindfleisch, gehackt
1 Knoblauchzehe, gepresst
1 rote Chilischote, entkernt, fein gehackt
1 kleine Zwiebel, gerieben
½ Bund Koriander, gehackt
2 EL Pflanzenöl

Salat:
100 g Rucola
1 Bund Vietnamesische Minze (ersatzweise normale Minze), Blätter abgezupft
1 Bund Koriander, Blätter abgezupft
1 EL Chiliöl
Salz, Pfeffer aus der Mühle

4 Buns, halbiert und getoastet
4 EL süße Chilisauce (aus dem Asienladen)

Das Rindfleisch mit den Würzzutaten und dem Koriander mischen und zu 4 Burger formen. Diese im heißen Öl auf jeder Seite 4 Minuten braten.

Für den Salat den Rucola mit den Kräutern, dem Chiliöl, Salz und Pfeffer mischen. Den Salat auf die untere Hälfte der Buns legen, die Burger darauf setzen, mit Chilisauce beträufeln und den Deckel der Buns auflegen.

Indischer Erbsen-Lamm-Topf

Thai-Fischfrikadellen mit süßem Chili-Gurken-Dip

400 g weißes Fischfilet, ohne Gräten
200 g rohe Crevetten, ohne Schale
3 EL rote Currypaste
50 g Schlangenbohnen (ersatzweise gekochte grüne Bohnen), in 3 mm breite Stücke geschnitten
4 Kaffirlimetten-Blätter, in sehr feine Streifen geschnitten
2 Stengel Thaibasilikum, gehackt

Öl zum Frittieren oder Braten

Chili-Gurken-Dip:
1 Salatgurke, entkernt und klein gewürfelt
2 rote Chilis, entkernt und fein gehackt
3 EL Palmzucker
1 EL Wasser
6 EL Reisessig
1 EL Koriander, gehackt

Den Fisch, die Crevetten und die Currypaste zusammen im Cutter pürieren. Die restlichen Zutaten mit den Händen in die Masse einarbeiten.

Jeweils 1 Esslöffel Masse abstechen, zu einem Bällchen formen und etwas flach drücken. Die Fischfrikadellen portionenweise etwa 2 Minuten in heißem Öl frittieren oder braten.

Sämtliche Zutaten zum Dip mischen und bis zum Servieren kühl stellen.

Schweinefleisch-Erdnuss-Körbchen

Ergibt 12 Körbchen

120 g Strudelteig oder Filoteig
2 EL Erdnussöl
Butter für die Förmchen

1 Knoblauchzehe, zerdrückt
2 EL Pflanzenöl
150 g Schweinehackfleisch
1 EL grüne Thai-Currypaste (Fertigprodukt)
2 Frühlingszwiebeln, fein gehackt
3 EL Erdnussbutter
1 EL helle Sojasauce
1 Bund Koriander, gehackt
Salz, Pfeffer aus der Mühle

Den Teig in Quadrate von etwa 18 × 18 cm schneiden. Ein erstes Quadrat jeweils mit Öl bestreichen und ein zweites Quadrat verschoben darüber legen, so dass 8 Ecken entstehen. Diese Teigplatten in gebutterte Muffinförmchen drücken und die Ecken locker über den Rand hängen lassen.

Die Teigkörbchen im 200 Grad heißen Ofen 6–8 Minuten goldbraun backen.

Den Knoblauch im heißen Öl andünsten. Das Fleisch beigeben und 5 Minuten anbraten. Die Currypaste und die Frühlingszwiebeln beigeben. Nach 1 Minute Erdnussbutter, Sojasauce und Koriander darunter rühren. Mit Salz und Pfeffer würzen.

Die Teigkörbchen mit der warmen Fleischmischung füllen und nach Belieben zusammen mit einem Salat servieren.

Nachos mit Hühnercreme

Ein echter Partyhit!

250 g Hühnerbrust, ohne Haut und Knochen
80 g Doppelrahmfrischkäse (z.B. St-Morêt)
1 rote Chilischote, entkernt, fein gehackt
½ rote Zwiebel, fein gehackt
1 Knoblauchzehe, fein gehackt
1 TL Kreuzkümmel, im Mörser zerstoßen
1 TL Chilipulver
80 g Cheddarkäse, grob gerieben
Salz, Pfeffer aus der Mühle

1 Packung Nachos (Tortilla-Chips)

▪ Die Hühnerbrust in wenig Bouillon 20 Minuten pochieren, etwas abkühlen lassen und grob hacken. Zusammen mit allen weiteren Zutaten gut zu einer Creme mischen.
▪ Die Creme großzügig auf die Chips verteilen und unter dem heißen Backofengrill knusprig backen.

Tipp:
Die Creme lässt sich bereits am Vortag zubereiten. Um die Nachos zu bestreichen, muss sie allerdings wieder Zimmertemperatur haben.

Pikante Schinkenpaste

250 g gekochter Schinken, grob gehackt
1 eingelegte Chilischote, grob gehackt
50 g weiche Butter
2 EL scharfer Senf
Salz, Pfeffer aus der Mühle

▪ Sämtliche Zutaten im Mixer zu einer feinen Paste verarbeiten. Würzen.
▪ Auf getoastete Baguettescheiben streichen.

Tipp:
Schmeckt gut zum Apéro, aber auch als kleiner Imbiss zwischendurch.

Empanadas

Kleine gefüllte Pasteten

Je 100 g Schweine- und Rinderhackfleisch
1 kleine Zwiebel, fein gehackt
2 rote Chilis, fein gehackt
½ TL Nelkenpulver
½ TL Zimtpulver
1 EL Tomatenpüree
5 EL Wasser
1 TL Honig
½ Limette, ausgepresst
Salz

270 g Kuchenteig, ausgerollt

▪ Das Hackfleisch in einer beschichteten Pfanne ohne Fett anbraten. Die Zwiebel und die Chilis beigeben und mitdünsten. Nach 3 Minuten die Gewürze dazugeben. Nach weiteren 5 Minuten Tomatenpüree, Wasser, Honig und Limettensaft darunter mischen. 10 Minuten köcheln lassen, bis die Flüssigkeit fast verdampft ist. Abschmecken und auskühlen lassen.
▪ Aus dem Kuchenteig Rondellen von etwa 11 cm Durchmesser ausstechen. Die Füllung auf die eine Hälfte der Rondellen verteilen. Den Rand mit Wasser bepinseln und die andere Teighälfte darüber schlagen. Die Ränder fest zusammendrücken.
▪ Die Empanadas im 180 Grad heißen Ofen rund 15 Minuten backen. Mit Salat und einer scharfen Chilisauce servieren.

Maryland Crab Cakes

Ergibt 6–8 Küchlein

400 g Krabbenfleisch aus der Dose
50 g Weißbrot
40 ml Milch
40 g Mayonnaise
1 Ei, leicht verklopft
2 EL Petersilie, fein gehackt
1 Frühlingszwiebel, fein gehackt
½ TL Backpulver
Salz, Pfeffer aus der Mühle

2 EL Mehl
2 EL Butter

Sauce Tartare (leichte Variante):
150 g Halbfettquark
1 TL Dijonsenf
1 Schalotte, fein gehackt
2 Gewürzgurken, fein gehackt
1 EL Dill, fein gehackt
1 EL Estragon, fein gehackt
1 Spritzer Tabasco
1 Spritzer Worcestershiresauce
Jus vom Krabbenfleisch

▪ Das Krabbenfleisch abtropfen lassen und den Jus auffangen.
▪ Das Brot in der warmen Milch einweichen.
▪ Die Mayonnaise mit den folgenden Zutaten bis und mit Backpulver mischen. Das Krabbenfleisch und das aufgelöste Brot dazugeben. Würzen.

Die Mischung zu kleinen Küchlein formen und diese mit etwas Mehl bestäuben. In der heißen Butter von jeder Seite 4 Minuten braten.

Alle Zutaten bis auf den Jus zur Tartaresauce mischen. Mit dem Jus verdünnen, bis die Sauce die richtige Konsistenz hat.

Tipp:
Sehr gut dazu: gekochte Kartoffeln.

Maissuppe mit Garnelenküchlein

2 frische Maiskolben
2 Frühlingszwiebeln, in Ringe geschnitten
1 große Zwiebel, gehackt
40 g Knollensellerie, gewürfelt
40 g Butter
600 ml Fischfond
¼ l Rahm
Salz, weißer Pfeffer aus der Mühle

Garnelenküchlein:
5 Riesengarnelen, geschält, Darm entfernt
2 rote Peperoncini, fein gehackt
20 g Stangensellerie, fein gehackt
2 EL Mayonnaise
30 g Paniermehl
1 TL Zitronensaft

30 g Butter

Die Maiskörner mit einem scharfen Messer dicht am Strunk abschneiden.

Alle Gemüse zusammen in der Butter andünsten. Mit dem Fischfond ablöschen und 30 Minuten köcheln lassen. Den Rahm hinzufügen und würzen. Die Suppe im Mixer pürieren und durch ein feines Sieb streichen.

Die Garnelen im Cutter hacken und mit allen weiteren Zutaten mischen. 1 Stunde kalt stellen.

Mit nassen Händen aus der Masse 8 flache Küchlein formen und in der heißen Butter auf beiden Seiten 2 Minuten braten.

Die Suppe nochmals erwärmen, in tiefe Teller schöpfen und je 2 Küchlein einlegen. Mit Sellerieblättern dekorieren.

Tipp:
Lässt sich gut vorbereiten. Die Küchlein erst kurz vor dem Servieren braten.

Lachsburger

400 g Lachsfilet, ohne Haut und Gräten
1 Scheibe Toastbrot
½ Bund Dill, grob gehackt
1 Schalotte, fein gehackt
½ TL Anissamen, zerstoßen
1 Ei, verklopft
Salz

½ Salatgurke
1 Knoblauchzehe, zerdrückt
6 Stengel Minze, grob gehackt
100 g Joghurt nature
Salz

4 Kaisersemmeln oder Buns
4 EL Olivenöl
1 Fenchelknolle, in Scheiben geschnitten
50 g Mischsalat

▪ Das Lachsfilet fein hacken. Das Toastbrot im Cutter zerkleinern. Beides zusammen mit Dill, Schalotte, Anissamen und Ei mischen, mit Salz abschmecken. Kühl stellen.

▪ Die Gurke längs halbieren und entkernen. Die Hälften in feine Scheiben schneiden. Mit Knoblauch, Minze und Joghurt mischen. Abschmecken und kühl stellen.

▪ Die Semmeln oder Buns nach Wunsch im Backofen toasten.

▪ Mit nassen Händen aus der Lachsmasse 4 flache Burger formen und in der Hälfte des Öls auf jeder Seite 2–4 Minuten braten.

▪ Den Fenchel im restlichen Öl schmoren.

▪ Auf jede Semmelhälfte etwas Mischsalat und Gurkenmischung geben. Den Lachsburger darauf geben und mit der zweiten Semmelhälfte bedecken. Die Fenchelscheiben dazu anrichten.

Lachsburger

Krabbenküchlein mit Avocado-Mais-Salsa

500 g Krabbenfleisch (evtl. aus der Dose), gehackt
1 Schalotte, fein gehackt
je 2 EL rote und gelbe kleine Peperoniwürfel
2 Eier
1 EL Rahm
Salz, Pfeffer aus der Mühle

2 EL Brotbrösel (von Toastbrot oder Brioche)
2 EL Olivenöl

Avocado-Mais-Salsa:
200 g Maiskörner, gekocht (oder aus der Dose)
1 Avocado, in kleine Würfel geschnitten
1 kleine Tomate, in kleine Würfel geschnitten
1 kleine Schalotte, fein gehackt
je 1 EL rote und gelbe kleine Peperoniwürfel
1 TL Koriander, fein gehackt
1 TL Zitronensaft
Salz, Pfeffer aus der Mühle

▪ Die Zutaten für die Küchlein gut mischen und zu 8 kleinen, flachen Küchlein formen. Die Küchlein in den Brotbröseln wenden und im heißen Öl auf jeder Seite 3 Minuten braten.
▪ Sämtliche Zutaten zur Salsa mischen und die warmen Küchlein darauf anrichten.

Gefüllte Peperoni

8 große rote Ramino-Peperoni (lange Spitzpaprikas; ersatzweise 16 Cecei)

Füllung:
400 g Cocktailcrevetten, gekocht, gehackt
4 Frühlingszwiebeln, gehackt
6 EL Jalapeño-Chilis (aus dem Glas), gehackt
100 g geriebener Käse (z.B. Greyerzer)
2 rote Äpfel, grob gerieben
½ Zitrone, abgeriebene Schale und Saft
6–8 EL Mayonnaise
Salz, Pfeffer aus der Mühle

grüner Salat als Garnitur

▪ Die Peperoni unter dem heißen Backofengrill 6 Minuten rösten, dabei einmal wenden. Etwas auskühlen lassen und nach Belieben die Haut abziehen.
▪ Sämtliche Zutaten für die Füllung mischen.
▪ Die Peperoni der Länge nach aufschneiden und die Kerne entfernen. Die Füllung mit einem kleinen Löffel einfüllen und die Peperoni auf Salat anrichten.

Tipp:
Mit Brot oder gebackenen Kartoffeln servieren.

Gefüllte Peperoni

Rich Man's Hamburger mit Mais-Salsa

600 g Tatar von der Huft
1 Schalotte, fein gehackt
1 EL Schnittlauch, fein geschnitten
1 EL scharfer Senf
2 Tropfen Tabascosauce
2 Spritzer Worcestershiresauce
2 Eigelb
2 EL Cognac
2 EL Kapern, gehackt
1 TL schwarzer Pfeffer, zerstoßen
Salz

1 EL Bratbutter

Mais-Salsa:
250 g Maiskörner, gekocht
1 kleine, rote Zwiebel, fein gehackt
1 rote Chilischote, entkernt und fein gehackt
250 g Cherrytomaten, geviertelt
½ Bund Koriander, gehackt
2 EL Kapern, gehackt
2 EL Olivenöl
2 EL Zitronensaft
Salz, Pfeffer aus der Mühle

Sämtliche Zutaten für die Burger gut mischen und daraus 4 dicke Hamburger formen. In der heißen Bratbutter von beiden Seiten nur ganz kurz braten. (In der Mitte sollen sie noch roh, aber warm sein.)

Sämtliche Zutaten für die Salsa mischen. Die Salsa auf die Teller verteilen, den Burger darauf setzen und nach Belieben mit einem Stück Gorgonzola garnieren.

Tipp:
Eine Foccacia passt sehr gut dazu.

Sloppy Joes

500 g Rindfleisch, gehackt
2 EL Pflanzenöl
1 Zwiebel, fein gehackt
½ grüne Peperoni (Paprikaschote), gehackt
3 große Champignons, gehackt
250 g Dosentomaten (Pelati)
1 EL scharfer Senf
1 EL Worcestershiresauce
1 EL Tomatenpüree
Salz, Pfeffer aus der Mühle

Das Hackfleisch in 2 Portionen im heißen Öl anbraten. Die Zwiebel dazugeben und weiterbraten. Die restlichen Zutaten dazugeben und alles zusammen 30 Minuten köcheln lassen.

Tipp:
Auf gerösteten Brötchen servieren. Passt aber auch zu Pasta.

Rich Man's Hamburger mit Mais-Salsa

Tacos mit Picadillo

Tacos mit mexikanischer Hackfleischfüllung

300 g Hackfleisch, dreierlei
¼ TL Zimtpulver
¼ TL Nelkenpulver
10 schwarze Pfefferkörner, zerstoßen
2 EL Thymianblättchen
2 EL Majoranblätter, grob gehackt
2 Knoblauchzehen, zerdrückt
4 EL Erdnussöl

1 große Zwiebel, fein gehackt
1 EL Erdnussöl
200 g Dosentomaten (Pelati)
Salz
1 Zimtstange
2 Lorbeerblätter
1 große Kartoffel, geschält und gewürfelt
1 Kochbanane (ersatzweise 1 grüne Obstbanane), in kleine Würfel geschnitten
50 g Rosinen

1 Schachtel Tacosschalen
50 g Mandelstifte, geröstet

Alle Zutaten bis und mit Knoblauch gut mischen. Die Hälfte des Öls erhitzen und die Hackmasse in 2 Portionen kräftig anbraten.

Die Zwiebel im Öl 2 Minuten dünsten. Die Tomaten hinzufügen und kurz aufkochen. Das Hackfleisch dazugeben und mit Salz abschmecken. Die Zimtstange, die Lorbeerblätter und die Kartoffelwürfel dazugeben. Köcheln lassen, bis die Kartoffeln weich sind.

Zum Schluss Banane und Rosinen dazugeben und nur noch warm halten.

Die Tacosschalen nach Anweisung im Ofen aufwärmen. Mit dem Hackfleisch füllen, auf Tellern anrichten und mit den gerösteten Mandelstiften bestreuen.

Tipp:
Die Füllung eignet sich auch für Omeletten.

Tacos mit Picadillo

Eintopf mit Rindfleisch

500 g Rindfleisch, gehackt
3 EL Pflanzenöl
1 große Zwiebel, fein gehackt
200 g Rundkornreis
2 EL Tomatenpüree
1 große rote Peperoni (Paprikaschote), in Streifen geschnitten
400 g Dosentomaten (Pelati)
250 g Kidneybohnen aus der Dose, abgetropft
2 EL Chilipulver
Salz, Pfeffer aus der Mühle
600 ml Fleischbouillon
1 EL Petersilie, gehackt
nach Belieben geriebener Käse

Das Hackfleisch in 3 Portionen im heißen Öl anbraten. Die Zwiebel dazugeben und kurz mitbraten. Den Reis beifügen und braten, bis er glasig ist. Das Tomatenpüree, die Peperoni, die Tomaten und die Bohnen hinzufügen. Würzen und mit der Bouillon aufgießen. Etwa 25 Minuten köcheln lassen.

Mit Petersilie und Käse garniert servieren.

Würstchen im Maisblatt

30–36 große Maisblätter (vom Feld oder von Maiskolben)

600 g Schweinehackfleisch
1 Zwiebel, fein gehackt
4 Scheiben Toastbrot, im Cutter fein zerkleinert
2 Eier
1 Prise Cayennepfeffer
2 TL gemahlener Kreuzkümmel
2 Knoblauchzehen, gepresst
1 TL Oregano, getrocknet
3 EL Rotweinessig
Salz, Pfeffer aus der Mühle

Die Maisblätter in warmem Wasser spülen. 2 Blätter der Länge nach in etwa 1 cm breite Streifen reißen.

Für die Würstchen alle Zutaten gut mischen.

Jeweils 1–2 Maisblätter überlappend auf die Arbeitsfläche legen. Aus der Fleischmasse mit nassen Händen 16 Würstchen von etwa 8 cm Länge formen. Auf die ausgelegten Blätter legen und aufrollen. Die Enden mit den Maisblattstreifen zubinden.

Die Päckchen im Dampf etwa 15 Minuten garen.

Tipp:
Dazu passt eine rohe Tomatensauce.

Würstchen im Maisblatt

Kalifornischer Spaghetti-Auflauf

400 g Hühnerbrust, ohne Haut und Knochen

400 g Champignons, in Scheiben geschnitten
2 EL Butter

400 g dünne Spaghetti

Sauce:
2 EL Butter
2 EL Weißmehl
½ l heiße Hühnerbouillon
¼ l Rahm
3 EL trockener Sherry
1 Messerspitze Muskatnuss, frisch gemahlen
Salz, Pfeffer aus der Mühle

50 g Parmesan, frisch gerieben

- Die Hühnerbrust in wenig Bouillon 20 Minuten pochieren, etwas abkühlen lassen und hacken.
- Die Champignons in der heißen Butter braten und beiseite stellen.
- Die Spaghetti in kochendem Salzwasser knapp weich kochen.
- Für die Sauce in einem Topf die Butter zerlassen. Das Mehl beifügen und unter ständigem Rühren 2 Minuten andünsten. Die heiße Bouillon einrühren und 2 Minuten kochen lassen. Rahm und Sherry dazugießen und die Sauce noch rund 8 Minuten köcheln lassen, bis sie eingedickt ist. Abschmecken.
- Die Spaghetti in eine gefettete Gratinform geben und mit der Hälfte der Sauce übergießen. Das gehackte Hühnerfleisch und die Champignons auf den Spaghetti verteilen und die restliche Sauce darüber gießen. Mit Parmesan bestreuen und im 180 Grad heißen Ofen 20 Minuten überbacken.

Meat Loaf

Hackbraten

Für 6–8 Personen

2 Schalotten, fein gehackt
1 EL Butter
750 g Rindfleisch, gehackt
250 g Kalbfleisch, gehackt
120 g Schweinefleisch, gehackt
2 EL Petersilie, fein gehackt
1 EL Basilikum, fein gehackt
50 g Brotbrösel
60 g Chilisauce American style
1 TL Sojasauce
60 ml Milch
Salz, Pfeffer aus der Mühle

6 Scheiben Frühstücksspeck

- Die Schalotten in der heißen Butter 5 Minuten dämpfen. Mit den übrigen Zutaten für den Hackbraten mischen und würzen. Die Masse zu einem Laib formen und auf ein Backblech legen. Mit den Speckscheiben belegen und in den 200 Grad heißen Ofen schieben. Nach 15 Minuten die Temperatur auf 180 Grad herunterschalten und den Hackbraten noch 50 Minuten weiterbraten.

Tex-Mex-Turkey-Burger mit warmem Zwiebelkompott

600 g Truthahngeschnetzeltes
1 EL Chilipulver
1 TL gemahlener Kreuzkümmel
1 kleine rote Zwiebel, fein gehackt
1 Bund Koriander, gehackt
4 EL eingelegte Jalapeño-Chilis (ersatzweise 2 frische Chilis), gehackt

Zwiebelkompott:
2 große Zwiebeln, in dünne Scheiben geschnitten
3 EL Olivenöl
Salz, Pfeffer aus der Mühle
200 ml Fleischbouillon
100 ml Barbecuesauce (Fertigprodukt)
3 EL Balsamicoessig

■ Das Trutenfleisch mit einem scharfen großen Messer hacken. Alle weiteren Zutaten dazugeben und mit den Händen gut mischen. Zu 8 Burgern formen. Auf dem Grill (oder in der Bratpfanne) von jeder Seite 6 Minuten braten.
■ Für das Zwiebelkompott die Zwiebeln im heißen Öl andünsten. Salzen und pfeffern. Nach etwa 10 Minuten die restlichen Zutaten beigeben. Bei kleiner Hitze die Sauce etwas eindicken lassen.
■ Die Burger mit dem Zwiebelkompott in warmen Tortillas servieren.

Alte Welt

Orient

Asien

Apéro und Snacks

Vorspeisen und kleine Gerichte

Hauptgerichte

Amerika

Apéro und Snacks

Vorspeisen und kleine Gerichte

Hauptgerichte

In der Reihe »Die besten Rezepte« sind erschienen:

Karin Messerli
Rucola

Karin Messerli
Rucola, Bärlauch, Löwenzahn

Karin Messerli
Kürbis

Barbara Wurzel
Artischocken

Annemarie Wildeisen
Eiscreme Glace Sorbet

Annemarie Wildeisen
Konfitüren, Marmeladen, Gelees

Annemarie Wildeisen
Mozzarella

Annemarie Wildeisen
Garen über Dampf

Karin Messerli
Brot und Brötchen

Karin Messerli
Antipasti, Tapas, Mezze

Karin Messerli
Risotto

Julie Landis-Sager
Zucchini Zucchetti

Julie Landis-Sager
Tomaten

Julie Landis-Sager
Zwiebeln

Karin Messerli Yvette le Brasse
Curry

Erica Bänziger
Ziegen- und Schafskäse

Armin Zogbaum
Pastasaucen

Verena Krieger
Tofu

Verena Krieger
Hülsenfrüchte

AT Verlag
Stadtturmstrasse 19
CH-5401 Baden
Telefon +41 (0)58 200 44 00
Fax +41 (0)58 200 44 01
E-Mail: at-verlag@azag.ch
Internet: www.at-verlag.ch